quiero ser feliz

DEBORA UGALDE

Débora Ugalde
www.facebook.com/pastoresugalde
www.puertadepazcranford.com

Quiero Ser Feliz
Copyright © 2015 por Débora Ugalde

Todos los derechos reservados. Ninguna parte de este libro puede ser reproducida o transmitida de ninguna forma o por ninguna razón sin el permiso escrito del autor.

Las citas bíblicas son de la versión Reina Valera 1960, a menos que se indique lo contrario.

Corrección
Didier Ugalde
Angie Salazar

Diseño de tapa
Lorena Di Rocco

Impreso en los Estados Unidos de América.

Dedicatoria

A mi amado Padre Celestial por su amor incondicional. Por ser tan paciente conmigo, por cuidarme y defenderme. Por tomarme en sus brazos cuando me lastimo y por hacerme sonreír cuando estoy llorando. Por tomarme de la mano cuando me siento sola y por recordarme que siempre seré su niña amada. No tengo palabras para agradecerle y mi corazón salta de alegría cada vez que pienso "cuán grande es su amor".

Éste es el libro que dijiste que escribiríamos juntos. Tenías toda la razón, no fue difícil... fue muy divertido. ¡Gracias Papá!

Papá y mamá gracias por enseñarme amar a Dios,
a confiar en Él y a servirle con mi vida.

*Aunque la higuera no florezca, ni en las vides haya frutos,
aunque falte el producto del olivo, y los labrados
no den mantenimiento. Con todo, yo me alegraré en el Señor,
y me gozaré en el Dios de mi salvación. El Señor es mi fortaleza.
Habacuc 3:17-19*

Contenido

Dedicatoria 3
Prefacio 9
Introducción 13

Primera Parte: Amar a Dios

Capítulo 1 La Marca De Una Sonrisa 19
Decide Creer En Su Amor

Capítulo 2 Billetes Falsos 39
Decide Conocerlo

Capítulo 3 Un Té Caliente 59
Decide Amarlo

Capítulo 4 Mi Padre Es El Piloto 81
Decide Confiar En Él

Segunda Parte: Amarte a ti misma

Capítulo 5 Una Piedra Preciosa 115
Decide Aceptarte

Capítulo 6 El Rey Me Ama 139
Decide Amarte

Tercera Parte: Amar a Tu Prójimo

Capítulo 7 Un Camino Más Excelente 161
Decide Amar

Capítulo 8 Blusa Nueva 181
Decide Ser Misericordiosa

Capítulo 9 Mi Ultimo Día 199
Decide Esforzarte

Conclusión

Capítulo 10 Niña Caprichosa 219
Decide Madurar

Agradecimientos 245

Prefacio

Era primavera, el sol entraba radiante por la ventana y el silencio abundaba en mi habitación. Los niños dormían y mi esposo estaba de viaje. Me acerqué a la ventana para sentir el calor del sol y mientras observaba los pájaros comencé a meditar en Dios, Él siempre está con nosotras. Esa mañana tenía mucha paz, mi alma estaba tranquila y me sentía muy feliz. Apenas comenzaba el día, tenía una larga lista de cosas que hacer y estaba sola (siempre me deprimía mucho cuando mi esposo no estaba conmigo). Comencé a decirle a Dios, *"¡Gracias por hacerme feliz! ¡Gracias!"* y mientras lo repetía una y otra vez no podía dejar de sonreír. Esa mañana fue inolvidable para mí. Pude escuchar a Dios en mi interior decirme, *"Hija, tus decisiones son semillas y la felicidad es el fruto dulce de las decisiones sabias".* En ese preciso momento como una película comenzaron a pasar por mi mente algunas decisiones sabias y otras necias que había tomado en mi adolescencia, en mi juventud... ambas las sabias y las necias me habían dado frutos, dulces y amargos. Entonces pude entender lo que Dios quería enseñarme. Si quería continuar viviendo momentos de felicidad en mi vida, tenía que tomar decisiones sabias. Siempre pensé que era el trabajo de Dios hacerme feliz, pero que equivocada estaba. Dios estaba esperando a que yo decidiera... ¡Era mi decisión ser feliz!

Dios me dio una llave de oro esa mañana. Podría evitarme lágrimas, dolor y tristeza en la vida si ese día aprendía la lección. Desde ese momento en adelante sería más cuidadosa conmigo misma y no permitiría que nadie más tome decisiones por mí. Esa mañana entendí;

Dios me dio la vida, y mi vida es un jardín, yo decido lo que voy a sembrar. No importa cuánto tiempo pase, mis decisiones como árboles crecerán y comeré de su fruto. Por primera vez quede sin palabras, no puedo explicarte lo que sentí cuando Él me hizo recordar: *"Cuando eras niña siempre me decías, ¡Quiero Ser Feliz!"*. Dios me hizo lagrimar, Él se acordó y me respondió.

El Apóstol Pablo escribió en unas de sus cartas *"Hermanos, yo mismo no pretendo haberlo ya alcanzado..."* (Filipenses 3:13). No sabía cómo decírtelo antes que comiences al leer el libro y justo vino este versículo a mi mente. Es exactamente lo que estaba pensando. Necesito confesarte algo, *"no pretendo haberlo ya alcanzado"*. No quiero que me mal interpretes, no decidí escribir este libro porque me considero ser una maestra experta en el tema. ¡No! Lo escribí porque Dios puso en mi corazón el deseo de compartir contigo lo que Él me ha enseñado para ser feliz. Durante estos últimos años, he tenido el privilegio de pastorear junto a mi esposo la primera iglesia que fundaron mis padres en los Estados Unidos. En las conferencias y reuniones de mujeres que organizamos, siempre disfruto mucho abrir mi corazón, compartir especialmente mis experiencias personales, algunas vergonzosas y otras un poco chistosas. Luego al terminar, me es de gran satisfacción escuchar los comentarios de las mujeres, muchas de ellas con una gran sonrisa me cuentan sus historias también y reímos juntas. Las mujeres tenemos una manera única de comunicarnos, aún sin conocernos mucho nos contamos todo ¡así somos las mujeres!

Si hoy aprendo algo nuevo, seguro se lo comentare a alguien. Mi esposo me conoce tan bien que cuando no le cuento nada me pregunta, ¿estás bien? Uno de mis dones es hablar y puedo hablarte por horas, siempre y cuando me interese el tema. Es por eso que elegí escribirte, puedes cerrar el libro y volverlo abrir cuando quieras, no me voy a ofender. En este libro deseo compartir contigo lo que Dios me ha enseñado. ¡Él es un excelente maestro! Cuido estar atenta a su voz en mi diario vivir, porque en cualquier momento Él me puede enseñar algo nuevo, cambiar mi perspectiva y enriquecer mi vida. Me apasiona aprender de Él. Si te detienes a observar mi vida, muy pronto te darás cuenta que es imperfecta al igual que la tuya y no tengo ningún problema en que descubras la verdad; soy la primera en saberlo, no soy perfecta y mi familia tampoco, pero no miento cuando digo: ¡Soy muy feliz porque he decidido ser feliz!

A pesar de toda la maldad en este mundo, Dios me enseña a diario a enfocarme en su amor, a tener paz sin importar la circunstancia que este atravesando y aprender a disfrutar los pequeños detalles; apreciar todo lo que tengo, en vez de entristecerme por lo que me hace falta. Mi deseo es que al terminar de leer este libro, tengas la valentía de poder decidir por ti misma y elegir bien. ¡Ten ánimo! ¡Nunca pierdas la fe! ¡Créele a Dios y nunca te des por vencida! ¡Mi deseo es que seas muy feliz!

"Amada, yo deseo que tú seas prosperada en todas las cosas,
y que tengas salud, así como prospera tu alma".
3 Juan 1:2

Introducción

Antes que comiences a leer el libro tengo que hacerte una pregunta: ¿Quieres ser feliz? Estoy segura que responderás que sí. No he conocido a ningún ser humano que me haya dicho: "No, no quiero ser feliz" y he preguntado muchas veces, es mi tema preferido. Creo que cada ser humano desde el momento que es concebido tiene el derecho de ser feliz y estoy convencida que nací para defender ese derecho. Pero entre nosotras dos, te confesare algo, "Hay gente que no me convence cuando me dice que sí". ¿No conoces a alguien que actúa como si no quisiera ser feliz? No me tienes que responder, no es mi motivación juzgarles, no necesitas darme nombres. Solo quiero recordarte que nuestras acciones hablan más fuerte que nuestras palabras. De vez en cuando conozco a una mujer que con mucho orgullo me cuenta detalladamente su vida infeliz, me siento motivada a darle esperanza, pero no me lo permite. Pareciera que no le importa ninguna buena noticia. Siempre tiene el "pero" en la lengua, ni siquiera me deja terminar de hablar. No sabes como me lastima escucharle hablar así. Siempre pienso, ¡qué diferente sería su vida si quisiera ser feliz y que feliz haría a los demás!

Ahora, no vayas corriendo a buscar la vecina y decirle que escribí mal de ella, ¡por favor! Mi intención no es acusarle, ni menospreciar el dolor de nadie, solo te abro mi corazón y te soy sincera. Como quisiera hacerle entender a esta mujer, que si cambia su perspectiva de la vida, cambiará su manera de pensar y comenzará a disfrutar el presente, el cual es un regalo de Dios. Además, disfrutaría mucho ayudar a quienes necesitan más que ella, entonces su vida daría un giro de 180 grados y sería muy feliz. Ahora, ya sé lo que me va a responder, ¡eso no es fácil! Sé que no es fácil, ¡por supuesto! Sé que tendré que enfrentar mis temores, no darme por vencida y no permitir que la tristeza me gobierne. Sé que tendré que cuidar mis pensamientos y mis palabras, pero ¿qué es fácil en la vida? Debemos caminar con el rostro en alto, aún estamos vivas, respirando y nuestra vida aún no ha terminado. A pesar de todo lo que has vivido, ¡estás aquí! Y como este día no existirá otro.

He tenido el gran privilegio de conocer muchas mujeres felices, yo les llamo *"mujeres valientes"*. Mujeres con dificultades, con cicatrices, con pasados muy tristes pero una actitud valiente las identifican. Miran la vida y no se detienen por nada. No pierden el tiempo en mirar atrás, secan sus lágrimas y continúan caminando. Ellas me han enseñado a siempre estar agradecida y a ser valiente. Ellas no se comparan con nadie, tampoco están esperando ser recompensadas por lo que son, ni por lo que hacen. Ellas saben que la vida no es perfecta, que habrá piedras en el camino, que quizás tropiecen y sean lastimadas, pero el dolor no será para siempre. Saben también que habrá flores y habrá ríos si continúan caminando. No les importa cuan oscura este la noche, saben que al despertar siempre les esperará un nuevo amanecer y una nueva oportunidad. Aunque la nieve haya tapado todo el color de sus vidas, ellas creen que pronto vendrá su primavera. Estas mujeres valientes deciden vivir la vida al máximo y consideran un privilegio estar vivas, me contagian de alegría con su risa (mientras escribo están en mi mente). Estas mujeres saben quiénes son, abrazan fuerte y aman mucho. Ellas fueron de gran inspiración para este libro y siempre les estaré agradecida por ser un gran ejemplo para mí y por enseñarme tanto.

¡Todos los días toma decisiones sabias para continuar viviendo, para disfrutar la vida y para ser feliz sin importar la circunstancia! Tiene que llegar el día donde nos cansemos de quejarnos y de culpar a los demás por como nos sentimos. No pongas tu felicidad en las manos de nadie... ¡Tú elijes ser feliz! Yo sé que si elegiste este libro es porque deseas ser feliz y me alegro mucho por ti. Yo también quiero ser feliz. ¿Quién no quiere ser feliz? Bueno, al comienzo te dije que hay mujeres que parecen no querer ser felices, pero me cuesta creer lo que te dije. Quizás se dieron por vencidas, se conformaron en respirar y dejaron de soñar, es por eso que nunca lo intentan, ¡pero tú no amiga! ¡No! ¡Nunca te des por vencida! No olvides... ¡Es cuestión de decidir por ti misma y decidir bien! La diferencia entre las mujeres "felices" y las mujeres "infelices" son las decisiones que toman a diario para alcanzar lo que desean.

"Deléitate asimismo en Jehová,
Y él te concederá las peticiones de tu corazón".
Salmos 37:4

-¿Estas lista para tomar decisiones importantes en tu vida?
-¿Estas lista para descubrir quien realmente eres?
-¿Estas lista para ser portadora de esperanza y alegría?
-¿Estas lista para perdonar y dejar el pasado atrás?
-¿Estas lista para ser libre de la culpa y la lástima?
-¿Estas lista para comenzar a leer este libro?

Si tu respuesta es "sí", te felicito, eres una Mujer Valiente...
¡Creo que disfrutaras este libro!

Primera Parte
Amar a Dios

CAPITULO 1

La Marca De Una Sonrisa

"Porque yo sé muy bien los planes que tengo para ustedes -afirma el Señor-, planes de bienestar y no de calamidad, a fin de darles un futuro y una esperanza".
Jeremías 29:11 NVI

Dios te ama y Él quiere que seas feliz. Precisamente en este momento Él está pensando en ti. ¿Crees eso? Nadie en la vida te amará más que Dios. Su amor es perfecto. Dios nunca te dejara de amar. Podrás olvidarte de Él, pero Él nunca se olvidará de ti. Él siempre buscará una oportunidad para llamar tu atención y recordarte su amor. En esta tierra nunca entenderemos totalmente a Dios, pero es necesario que creamos en Él y en su gran amor por nosotras para poder ser felices en esta vida. Nuestros pensamientos, sentimientos y acciones mayormente son el resultado de lo que nosotras creemos acerca de nosotras mismas y de Dios. Cuando creas totalmente la verdad de cuanto Dios te ama, esas cadenas de temor, inseguridad, ansiedad, tristeza y culpa te soltaran. ¿Estás lista para comenzar? Esas creencias erróneas en nuestro corazón tienen que ser expuestas a la verdad de la Palabra de Dios. Ten la seguridad que tu vida nunca más será igual.

Una Mujer Samaritana

La Biblia cuenta que Jesús iba rumbo a Galilea, cuando decidió parar en Samaria. Una ciudad que los judíos de ese tiempo tenían la costumbre de no visitar, porque no se llevaban bien con los samaritanos. Mientras los discípulos fueron a buscar algo de comer, Jesús decidió sentarse junto a un pozo de agua. Era alrededor del mediodía, cuando una mujer samaritana llego al pozo a sacar agua. La Biblia no menciona su nombre, sólo su triste pasado y estado presente. La mujer se había casado cinco veces y ahora convivía con un hombre que no era su esposo. Las mujeres en esa época acostumbraban ir al pozo a sacar agua en las mañanas o en las tardes, cuando el calor del sol no era tan fuerte, entonces ¿por qué esta mujer fue al mediodía? (me da calor solo de pensar en la historia). Permíteme imaginarme, quizás estaba escapando de su casa. Quizás acababa de discutir con el hombre con quien convivía. Quizás se acababa de enterar que estaba siendo engañada, que en realidad él no tenía planes de casarse y que ella era solamente una aventura más para él, quizás... ¿Por qué ir a un pozo de agua a la hora del mediodía? ¿Será que prefería el sol ardiente del mediodía antes que las miradas condenadoras de los vecinos? Quizás quería evitar tener que saludar a todos con una sonrisa esforzada. No sabemos exactamente sus razones, pero si sabemos que Jesús la estaba esperando en el pozo, porque a Él si le importaba su vida. Para Jesús ella no estaba en segundo lugar, ni en tercero, ni en cuarto... ella era importante, ella era de mucho valor. Jesús la amaba y la respetaba, Él quería devolverle su identidad, Él quería recordarle lo especial que ella era para Dios.

"Y le era necesario pasar por Samaria". Juan 4:4

Puedes leer la historia de esta mujer en el libro de Juan 4:1-42. Presta atención al versículo 4 que dice que le era *necesario* a Jesús pasar por

Samaria, *¿necesario?* ¡Si! No fue una casualidad su visita a Samaria, fue una cita especial. La mujer no sabía que en ese día tendría un encuentro con Dios y que su vida cambiaría para siempre. De la misma manera, Jesús hoy te está esperando a ti, ¿lo crees? Amiga, tienes que saber y tienes que creer estas dos verdades: Él te ama y Él quiere que tú seas feliz. No importa tu pasado, Él quiere darte el futuro feliz que tú estás esperando. *"Porque yo sé los pensamientos que tengo acerca de vosotros, dice Jehová, pensamientos de paz, y no de mal, para daros el fin que esperáis"* (Jeremías 29:11).

Quizás te preguntes, *¿pero está Dios enojado conmigo por todas mis malas decisiones? Siento que debería arreglar mi vida antes de ir a Él...* Bueno, si lees la historia te darás cuenta que esta mujer no necesitó arreglar su vida. Jesús no estaba enojado con ella. Jesús no la estaba esperando en el pozo para condenarla, ni para avergonzarla... ¡No! Jesús quería darle un futuro feliz. No importa los errores que hayas cometido en tu vida, ni lo imposible que parezcan tus problemas, ¡hay esperanza para ti! No permitas que los errores de tu pasado determinen tu futuro. Jesús puede darte un nuevo comienzo hoy, así como lo hizo con la mujer samaritana porque Dios no está enojado contigo. ¡No lo está!

"Así como juré en tiempos de Noé que nunca más permitiría que un diluvio cubra la tierra, ahora también juro que nunca más me enojaré contigo ni te castigaré". Isaías 55:9 NTV

Jesús te está esperando ahora mismo, quizás estés en el parque sentada bajo un árbol, en la cocina de tu casa o en tu dormitorio. No importa el lugar físico donde estés, Él está donde tú estás. Es más, no es casualidad que estés leyendo este libro. Oro a Dios que te encuentres con Él mientras lees estas páginas, que sientas como su misericordia te abraza y su amor te recuerda *"eres amada"*. Creo con todo mi corazón que Él quiere que seas feliz y creo que no importa cuántos años de tu vida hayas vivido incompleta, culpable, rechazada, triste, infeliz, cuando decides creer en su amor, Él hará que todo obre para bien, porque *"Dios es especialista en transformar vidas"*.

 Una Obra de Arte

Una mujer con un pasado triste y vergonzoso escuchó hablar de Jesús, decidió creer en Él y su vida cambió para siempre. Al pasar los años un día fue a visitar un gran museo de arte en Nueva York. Estaba asombrada con tantas bellezas, especialmente le llamó la atención un precioso mosaico, muy feliz y colorido. Se detuvo por unos minutos a observar detalladamente cada pedacito de vidrio y notó que por sí solos no tenían belleza, ni valor; eran simplemente pedacitos rotos de vidrio. Pero el artista tan talentoso y experto los había unido de una manera tan particular que había creado una obra de arte bellísima, única y de mucho valor. En ese momento ella vio su vida reflejada en ese mosaico. Era Dios el gran artista que había tomado su vida y la había transformado en una belleza. *No importa cuan destruida creas que estas, si pones tu vida en las manos de Dios, Él puede hacer de ti una preciosa obra de arte.*

DECIDE CREER QUE DIOS TE AMA

"En esto se mostró el amor de Dios para con nosotros, en que Dios envío a su Hijo unigénito al mundo, para que vivamos por él. En esto consiste el amor; no en que nosotros hayamos amado a Dios, sino que él nos amó a nosotros, y envío su hijo en apropiación de nuestros pecados" (1 Juan 4:9-10). Creer esta gran verdad te puede hacer libre en un instante. Decide creer en su amor y todas las mentiras que te ataban tendrán que soltarte. Dios te ama tanto que envió a su hijo unigénito Jesús para morir en la cruz por ti y pagar la deuda de tus pecados. ¿Quién es feliz sabiendo

que tiene una deuda que nunca podrá pagar? Jesús pagó toda tu deuda para que no seas más esclava del pecado, de tu pasado, de tus malas decisiones, de la gente que te condena y de sus miradas frías. Jesús vino a esta tierra y acepto morir por ti para hacerte libre, ¡verdaderamente libre! ¡Totalmente libre! ¡Eternamente libre!

"Aunque cambien de lugar las montañas y se tambaleen las colinas, no cambiará mi fiel amor por ti ni vacilara mi pacto de paz, dice el Señor, que de ti se compadece". Isaías 54:10 NVI

Decide creer en el amor de Dios y permite que su gracia te libere hoy de todo lo que te esclaviza. ¡Decide ser feliz! Sé libre de todo pasado triste, todo temor al futuro, toda adicción, no importa como se llame tu cárcel ¡Jesús te hace libre hoy! Jesús dijo: *"El Espíritu del Señor está sobre mí, porque me ha consagrado para llevar la buena noticia a los pobres; me ha enviado a anunciar libertad a los presos y dar vista a los ciegos; a poner en libertad a los oprimidos"* (Lucas 4:18 DHH). Jesús no vino a buscar gente que se creía perfecta, Jesús vino por todos aquellos que necesitarían un Salvador en sus vidas. Puedes leer los evangelios y te encontraras con las historias de las personas que Jesús tuvo un encuentro aquí en la tierra; la mujer samaritana, la mujer adúltera, la niña que había muerto, el leproso, el ciego, el ladrón y la lista continúa. Personas como tú y yo, con pasados vergonzosos, con adicciones, con enfermedades y hasta con imposibles. Sólo necesitaron un encuentro con Jesús para que sus vidas cambiaran de rumbo.

"Porque por gracia sois salvos por medio de la fe; y esto no de vosotros, pues es don de Dios; no por obras, para que nadie se gloríe".
Efesios 2:8-9

No pienses que por tomar decisiones incorrectas en tu vida no mereces ser feliz. ¡No! Es triste ver mujeres involucradas en relaciones tóxicas y abusivas. Piensan que ellas merecen lo que están viviendo por haberse equivocado en su pasado. No se perdonan y no creen ser dignas de ser hijas de Dios. Tu pasado Dios ya lo perdonó, esto incluye todas tus malas decisiones. El día que creíste en Jesús y lo aceptaste como tu Salvador recibiste gracia, tu deuda con Dios fue pagada. ¡Qué gran regalo nos ha dado Dios! No quieras pagar un precio que ya se pagó. Jesús pagó tu deuda por ti, hoy decide ser libre y sé feliz. La mujer samaritana pudo haber ignorado a Jesús o simplemente decirle no te necesito, es demasiado tarde, ya me he acostumbrado al desprecio, nací para ser infeliz... Pero no, ella creyó en ese momento que Jesús realmente quería ayudarle y le respondió a Jesús, *"¿Cómo puedo beber de tu agua?"*. Ciertamente nunca más tendrás sed cuando aceptes su perdón y aprendas a depender de su amor y de su gracia.

"Respondió Jesús y le dijo:
Cualquiera que bebiere de esta agua, volverá a tener sed;
mas el que bebiere del agua que yo le daré,
no tendrá sed jamás; sino que el agua que yo le daré será
en él una fuente de agua que salte para vida eterna.
La mujer le dijo: Señor, dame esa agua,
para que no tenga yo sed, ni venga aquí a sacarla".
Juan 4:13-15

Dios Piensa en Ti

¿Puedes imaginar a Dios pensar en ti? *Dios es amor y tiene pensamientos de bien para ti* (Jeremías 29:11). ¿Lo crees? Una vez más te lo diré, Dios no está enojado contigo, Él no te está señalando con su dedo diciéndote: *"Tú no mereces ser feliz. Tú no eres suficiente buena. Mi misericordia no alcanzó para ti".* ¡No! Antes de la fundación del mundo, antes que tú le conocieras, Él pensó en ti y hoy Él sigue pensando en ti porque te ama. Antes que tú nacieras Él supo de todos tus defectos y de todas las malas decisiones que tomarías en la vida y aun así permitió que nacieras, porque te amó desde un principio. Dios nunca quiso que sufrieras, y no naciste por casualidad. *¡Dios te ama y quiere que seas feliz!*

Una Mujer Libre
Estando Jesús en la casa de Simón, una mujer se acercó a Él, lavó sus pies con sus lágrimas, los secó con sus cabellos, derramó su perfume de alabastro y le adoró (Lucas 7:36-50). Los fariseos al verla se enojaron porque conocían a la mujer y no consideraban apropiado que ella se pudiera acercar al Maestro. Pero Jesús en ningún momento se lo impidió, al contrario, la alabó por hacer algo que ninguno de ellos había hecho. No la condenó, no la avergonzó, ni tampoco la menospreció. Creo que la razón de Jesús de ir a visitar esa casa, era para encontrarse con esa mujer que había sido restaurada con su amor... ¡Qué alegría sintió Jesús al volverle a ver, su rostro sonriente, sus ojos brillantes, se ve segura y sin temor a los demás! Ya no es la misma mujer de antes y pareciera que el único que se dio cuenta fue Jesús.

Cuando realmente creas que Dios te ama y quiere que TÚ seas feliz, comprenderás que Dios quiere verte riéndote, disfrutando, divirtiéndote, comiendo tu plato preferido, compartiendo en familia, con amigas. Todo lo que Él creó lo hizo para ti, para llamar tu atención, para hacerte sonreír. Puedes escribir tu nombre en el espacio abajo y te invito a decírtelo varias veces en voz alta, repite:

¡ __JEMIMA__ , *Dios te ama y quiere que seas feliz!*

Si realmente creyéramos que Dios nos ama y que está interesado en que seamos felices, prestaríamos más atención a esas pequeñas cosas divertidas que nos ocurren de vez en cuando que nos hacen reír y nos hacen felices. Estaríamos menos tiempo desanimadas, quejándonos por cosas que no valen la pena, escuchando malas noticias innecesarias, noticias que te deprimen y te quitan la paz. Las malas noticias van a venir solas, ¡no las busques! *"No se turbe vuestro corazón, ni tenga miedo"* (Juan 14:27). No le creas a quien te dice que no, cuando Dios ya te dijo que sí. Decide por ti misma. *¡Hoy decido ser feliz!*

Dios Ríe Contigo
El otro día fui a tirar la basura y me manche con algo, cuando me fui a limpiar miré mi mano y tenía la marca de una sonrisa. Comencé a reírme, (justo antes estaba un poco desanimada) le mostré a mis hijos que estaban conmigo y les dije: *"Dios hizo esto porque me ama y quiere recordarme que sea feliz"*. A los días mi hijo estaba jugando un partido de fútbol con sus compañeros y en un momento ansioso por hacer un gol se tropezó y cayó. Vi que no era grave su caída y me quedé en las gradas donde estaba. Pero me sorprendió cuando lo vi corriendo a su padre que estaba más cerca de él y le mostraba algo en su mano. Mi esposo sonriendo vino hacia mí y me dijo: *"Cuando cayó Kenny, había un marcador sin tapa en el césped y cuando miró su pequeña mano, tenía la marca de una sonrisa"*. Mi hijo estaba feliz con su marca. Él sabía que era Dios hablándole, aunque ganes o pierdas *"se feliz"*. Dios quiere que seas feliz y creo que Él ríe cuando haces algo gracioso. Una vez estaba hablando con mi hermana Lorena y le dije: "Ya voy para tu casa apenas encuentre mi celular", mi hermana respondió riendo, *"¡Débora, lo tienes en la mano, estás hablando conmigo!"*. Así soy yo, un poco distraída y me divierto sola de las cosas que hago. *¡Cómo se debe reír Dios conmigo!* Pudiera escribir un libro de experiencias...

Dios quiere que conozcamos cuanto Él nos ama y que dependamos de su amor para ser felices sin importar las circunstancias que vivimos. Su palabra dice que su gozo es nuestra fortaleza. *¡No pierdas su gozo! ¡Guárdalo mejor que tu cartera!* Siempre podemos tener paz en medio de las tormentas que estemos atravesando en la vida, si Él está con nosotras. Jesús dijo que en este mundo íbamos a tener aflicciones, pero que confiáramos en Él, porque Él siempre nos mostraría la salida. *"Estas cosas os he hablado para que en mí tengáis paz. En el mundo tendréis aflicción; pero confiad, yo he vencido al mundo"* (Juan 16:33).

Me Siento Vacía

→ *las cosas temporales no nos hacen eternamente felices*

¿No te ha pasado que en ocasiones te sientes incompleta, desanimada, como que si algo te falta? ¿Qué hacemos para sentirnos mejor? Nos comemos doble porción de pastel de chocolate, llenamos la tarjeta de crédito comprándonos cositas lindas, nos imaginamos ser la protagonista de alguna película romántica o nos cambiamos el corte de cabello. *¿Funciona?* Pareciera funcionar en el momento pero no. Se siente muy rico distraernos un poco, pero luego pasan los días, las horas y hay veces que sólo en minutos volvemos a sentirnos otra vez vacías, con la necesidad de mimarnos otra vez. Pensábamos que podíamos llenar ese espacio y que lo habíamos llenado ¿pero qué pasó? La felicidad fue solo temporaria. Además, no sólo volvemos a sentirnos vacías sino que ahora también sentimos culpa, una mochila difícil de desprenderse... *"No tendría que haber comido 800 calorías en un bocado, no tendría que haberme endeudado. ¿Por qué perdí el tiempo viendo esa película sin gracia teniendo tantas cosas que hacer? ¿Por qué me corté el cabello, si largo me quedaba mejor?".* ¿Por qué vuelve ese sentimiento de vacío? Porque estamos llenando el departamento incorrecto. Llenamos nuestro estómago con comida, nuestra mente con una película, nuestra imagen con ropa nueva y un nuevo estilo de cabello diferente, y por un tiempo mientras estamos en el proceso de llenar, logramos distraer el vacío del alma y nos sentimos *"completas"*, pero ese sentimiento durará por un corto tiempo y luego otra vez sentiremos al alma recordándonos, *"estoy sedienta"*. Nos sentiremos infelices como antes o peor. ¿Por qué nos olvidamos del alma, si ella es lo más precioso que tenemos? Cuando llegue el final de nuestra vida en esta tierra lo único que nos llevaremos a la eternidad es el alma.

Antes que la mujer samaritana se encontrara con Jesús en el pozo, ella tenía que esforzarse para obtener el amor y la aprobación de su esposo, su familia, sus vecinos... Seguramente con la vida que tenía esta mujer, me puedo imaginar lo difícil que era para ella sentirse completa, segura y aceptada. Pero al encontrarse con Jesús, Él le respondió que no tendría más sed... no tendría que depender más de la gente para saciar la sed de su alma. *¡Él podía estar dentro de ella y ser su fuente de amor inagotable! ¡Él es el agua de vida! ¡Él es el perfecto amor!*

¿Te puedes imaginar el momento cuando Jesús la miro?

Una vez que decides creer que Dios te ama, comienzas a entender que su amor te acepta tal como tú eres, con tus defectos, tu carácter, tu personalidad... sin maquillaje y sin peinado de peluquería. Dios no quiere que actúes como otra persona, Él quiere que seas tú. Que seas transparente. No pierdas tiempo en fingir sonrisas y en distraer tu alma cuando esta sedienta, confía en Jesús, Él te entiende. ¡Él es el único que puede saciar la sed de tu alma!

Lavando Platos
Una mañana mientras meditaba en Dios le dije, "Señor, ¿Qué piensas de mí?". Estaba en el cuarto de mi hijo sentada en su silla y mientras

esperaba una respuesta comencé a imaginarme quien me hubiera gustado ser en la Biblia, en los tiempos de Jesús. Esa semana estaba leyendo un libro sobre la historia cuando Jesús va a comer a la casa de Marta y María (puedes leer la historia en Lucas 10:38-42). Pensé, *"A mí me hubiera gustado ser la joven que le ayudaba a Marta en la cocina"*. Seguro invente un personaje nuevo porque no quería ser Marta ni María. Cerré mis ojos y empecé la película en mi mente. Estoy en la cocina junto a Marta, estoy lavando los platos y desde ahí puedo ver y escuchar a Jesús. Luego pensé, ¿qué me hubiera gustado que ocurriera en ese momento? Estoy mirando atentamente a Jesús mientras Él enseña… observándolo cuidadosamente, cada gesto, cada palabra... ¡ya se! ¡Él dirige su mirada hacia mí y me sonríe! Sólo necesito un segundo, no necesita hablarme, ni llamarme, ni pedirme que entone una canción o que comparta una palabra, sólo quiero que Él me mire. Sé que Él sabe donde estoy y lo que estoy haciendo, no necesita agradecerme por mi servicio, no le es necesario levantarse y buscarme, sólo quiero que me mire... Cuando pensé en eso, pause por un momento porque me llamó la atención lo que dije en mi historia imaginaria y me pregunte: *¿Por qué quiero que me mire?* Enseguida vinieron a mi mente mis hijos pequeños, ¿por qué es tan importante para ellos que yo los mire? Si tienes hijos pequeños, sobrinos o nietos sabrás entender lo que digo. Ellos constantemente buscan nuestra atención, más que un regalo, más que un dulce; durante el día harán cosas divertidísimas y extrañas con tal de que nosotras dirijamos nuestra mirada hacia ellos. He aprendido con mis hijos que una mirada habla más que mil palabras. Una mirada llena de amor les muestra a ellos "<u>aceptación</u>". *¿Aceptación? ¿Es eso lo que quiero de ti?* Sorprendida me pregunte a mí misma. Luego de meditar por un momento respondí, *¡Sí Señor, eso es lo que quiero! Saber que me aceptas tal como soy, eso es todo, es por eso que quiero que me mires, si Tú me miras y sonríes sabré que me aceptas.*

La mirada de un padre es especial. Recuerdo que cuando era niña papá nos hablaba mucho con su mirada, sabíamos cuando él estaba enojado, triste o feliz. Con la mirada él nos decía todo y quizás me quedó eso de papá; esa mañana necesitaba una mirada de mi Padre Celestial. Mientras meditaba en Él, mientras espera su respuesta vino a mi mente este versículo: *"Pero ustedes son linaje escogido, real sacerdocio, nación santa, pueblo que pertenece a Dios, para que proclamen las obras maravillosas de aquel que los llamó de las tinieblas a su luz admirable"* (1 Pedro 2:9 NVI). Por medio de su palabra Él me contesto esa mañana y pude entender su respuesta, "Débora, yo no solamente te miré, sino que te amé y te llamé, ¿cómo no te voy aceptar?". Cuando medite en esta gran verdad, sentí un manto de amor que me abrazó, lloré como una niña en los brazos de su padre y esa mañana fui muy feliz porque entendí que si Él me llamó fue porque me aceptó tal como soy. No podemos sorprender a Dios, Él nos conoce. Él sabía absolutamente todo acerca de mí antes de llamarme y aún así me amó, me aceptó…

*"A los que de antemano Dios había conocido,
los destino desde un principio a ser como su Hijo".
Romanos 8:29 (DHH)*

Ya no tienes que afanarte para llegar a tener la aceptación de Dios, tengo buenas noticias para ti ¡ya la tienes! Desde el momento que crees en Jesús como tu único salvador y permites que Él te lave con su preciosa sangre de todos tus pecados, Dios te perdona y te acepta tal como eres. El creador del universo no solamente detuvo el tiempo para mirarte sino que te escogió para que seas su hija, para que te sientes en la mesa con Él y disfrutes de su perfecto amor. No mires tu vestido viejo, *¡Él te dará uno nuevo!*

"Jehová es la porción de mi herencia y de mi copa;
Tú sustentas mi suerte. Las cuerdas me cayeron en lugares deleitosos,
Y es hermosa la heredad que me ha tocado. Bendeciré a Jehová
que me aconseja; Aun en las noches me enseña mi conciencia.
A Jehová he puesto siempre delante de mí; Porque está a mi diestra,
no seré conmovido. Se alegró por tanto mi corazón, y se gozó mi alma;
Mi carne también reposará confiadamente; Porque no dejarás mi alma
en el Seol, Ni permitirás que tu santo vea corrupción.
Me mostrarás la senda de la vida; En tu presencia hay plenitud
de gozo; Delicias a tu diestra para siempre".
Salmos 16:5-11

DECIDE ACEPTAR EL PERDÓN DE DIOS

El día que le pediste a Dios perdón por todos tus pecados y creíste en Jesús como tu único salvador, ese día Dios te perdonó. ¿De todos mis pecados? ¡Si! ¿Pareciera tan simple verdad? ¡Es simple! Nosotras lo complicamos cuando no creemos en el amor de Dios. La Biblia dice así: *"Si confesares con tu boca que Jesús es el Señor, y creyeres en tu corazón que Dios le levantó de los muertos, serás salvo"* (Romanos 10:9). Además, cuando renunciaste a todo lo que habías practicado en las tinieblas, todo pacto, toda hechicería, fuiste libre de todas esas ataduras que te ataban, libre de toda maldición, toda acusación, toda culpabilidad... ¡Fuiste totalmente perdonada! ¡Totalmente libre! Dios te ve por medio de la preciosa sangre de Jesús, Él te ve limpia de pecado. El enemigo no tiene más dominio de tu alma, le perteneces a Dios. Ese día naciste de nuevo, obtuviste un certificado de nacimiento espiritual, antes eras solo creatura de Dios, ahora eres *"hija de Dios"*, tienes un padre amoroso y eres legalmente partícipe de la herencia de Dios. Pero tú decides aceptar su perdón o seguir viviendo como esclava. El amor no obliga a nadie... ¡Tú decides! *"Porque no habéis recibido el espíritu de esclavitud para estar otra vez en temor, sino que habéis recibido el espíritu de adopción, por el cual llamamos: ¡Abba, Padre!"* (Romanos 8:15). Puedes ser hija de Dios, pero no creer totalmente que fuiste perdonada de todos tus pecados y pensar inconscientemente que tienes que ser muy buena para recibir su aceptación. Sólo toma un momento en tu vida para convencerte que por alguna razón Dios te dejo de amar. Entonces, la culpabilidad viene a tu vida y te hace creer que sigues siendo *"esclava",* que el precio que Jesús pago en la cruz por ti no fue suficiente, que eres indigna de recibir tanta misericordia y que debes volver a trabajar para recibir su perdón. Ese día cuando dejas de creer en su misericordia, también dejas de depender de su gracia y tu alma vuelve a sentirse seca. No olvides que tienes un enemigo y él quiere robarte tu herencia, todo lo que te pertenece por ser hija de Dios (Juan 10:10). Creo que su mayor estrategia es hacernos enfocar en nosotras mismas, cuando no se trata acerca de cuan perfecta seas tú, sino cuan perfecta es la sangre de Jesús. No te puedo mentir, cuando comienzo a pensar en mis imperfecciones enseguida viene el desánimo. Nosotras mismas sin darnos cuenta poco a poco le vamos entregando al enemigo lo que nos pertenece cada vez que creemos sus mentiras y permitimos que el temor entre en nuestras vidas. Cada vez que dudamos del amor de Dios, cada vez que nos sentimos indignas, cada vez que pensamos que por alguna razón hemos perdido la aceptación de Dios. Cuando dejamos de alimentar nuestra relación de amor con el Padre, dejamos de confiar en Él y nuestra falta de confianza nos lleva a dudar, la duda trae temor y comenzamos a vivir otra vez como esclavas, aun siendo hijas de Dios. *¡Caímos en la trampa!*

"Estad, pues firmes en la libertad con que Cristo nos hizo libres, y no estéis otra vez sujetas al yugo de esclavitud".
Gálatas 5:1

Somos hijas amadas y perdonadas por Dios. Jesús ya pagó el precio, pero tú necesitas aceptarlo y creerlo. *¿Te imaginas a una esclava que haya sido libre pero siga viviendo como esclava por no creer que es realmente libre?* Que triste es saber que hay mujeres que conocen a Dios pero no creen en su amor incondicional. *¿Te imaginas tener una herencia millonaria y por no creer que eres millonaria vivir en necesidad?*

"Y por cuanto sois hijas, Dios envió a vuestros corazones el Espíritu de su Hijo, el cual clama: ¡Abba, Padre! Así que ya no eres esclava, sino hija; y si hija, también heredera de Dios por medio de Cristo".
Gálatas 4:6-7

Tenemos una herencia espiritual, pero muchas veces no creemos que es nuestra y continuamos viviendo como acostumbrábamos: en tristeza, desanimo, pobreza, necesidad, etc. Aun siendo hijas amadas de Dios, nos cuesta entender su amor y su misericordia. Dios cuyo amor es perfecto y cuyas misericordias son nuevas cada mañana (Lamentaciones 3:23).

DECIDE CREER QUE DIOS TE CUIDA Y TE DEFIENDE
Cuando mi hijo Kenneth era pequeño en una ocasión cuando estábamos en otro país de vacaciones mi esposo le compro un juguete muy bonito. Al pasar los días, él le había tomado tal cariño que hasta dormía con su juguete y no lo soltaba por nada. Un día cuando volvíamos a casa nos dimos cuenta con mi esposo que nuestro hijo sostenía en sus manos un juguete que no era de él. Era parecido al que él tenía, pero era de menos calidad y no era nuevo. Nos sorprendió verle sin su juguete preferido y le preguntamos donde estaba. Él nos dijo que un niño mayor se lo había cambiado por ese. Mire a mi esposo y con sólo una mirada nos dijimos todo. Ambos pensamos lo mismo, "engañaron a nuestro hijo". Fue como un puñal en el corazón, nunca nos habíamos sentido así. Era tan

desagradable imaginarnos como se habían aprovechado de nuestro pequeño. Cuando llegamos a casa llamé a mi hijo aparte y le dije: *"Mañana iras al niño y le pedirás que te devuelva tu juguete, dile que no puedes cambiárselo, que es muy especial para ti y para tu papá que te lo obsequio"*. Sus ojitos se llenaron de lágrimas y me dijo: "Mamá, no puedo, la verdad es que yo le preste al niño mi juguete y él lo perdió, yo me puse a llorar mucho y es por eso que él me dio este para consolarme". Mi hijo recordó nuevamente cuanto amaba su juguete perdido y comenzó a llorar haciéndome sentir aun peor porque le había recordado lo sucedido. Lo abracé fuerte y le dije que no se preocupara que mami lo amaba, que compraríamos un juguete igual (aunque no tenía la menor idea como lo haría). Después de consolarle por unos minutos finalmente pudo dormirse.

Cuando volví a mi dormitorio sentía un coraje tan grande, yo estaba aún más convencida que era una mentira, que ese niño no lo había perdido, que se había aprovechado de su inocencia y le había robado su juguete preferido. Podía sentir el dolor que sentía mi hijo y no podía dejar de pensar como recuperaría ese juguete. Mi hijo ya estaba dormido, pero yo no podía dormir pensando *"alguien tiene que saber o haber visto lo que pasó"*. Pasaban los minutos y no podía dormirme. *"Si no llego a encontrar su juguete, le compraré a mi hijo un juguete mejor, mucho mejor, pero nadie engaña a mi hijo y menos con algo que él ama tanto y que su padre con tanto amor le dio..."* (Me sorprendió pensar así, no conocía ese lado de mí). Cuando de repente escuche en mi interior, *"¡Tranquila! ¡Tranquila!"*. Era Dios y Él quería enseñarme algo. Por mi mente pasó una pregunta: *¿Qué crees que sintió Dios el día que el diablo engaño a Adán y a Eva y les quitó todo lo que Él (su padre) les había dado?* En ese momento pude sentir la convicción que Dios había estado un día en mi lugar y que sin duda alguna Él me entendía. *"¿Qué crees* *que siente Dios cuando el enemigo te engaña y te roba?".* Esa noche me quede meditando en Dios por un buen tiempo. Puedo decir que después de esa experiencia entendí más el amor de Dios. Si nosotros siendo padres imperfectos, amamos y protegemos a nuestros pequeños, cuanto más Dios que es el padre perfecto (Mateo 7:11). Mi vida cambió cuando decidí creer con todo mi corazón que "Dios cuida de mí y me defiende", Él es mi padre y Él me ama. Me lo puedo imaginar a Dios pararse de su trono y con mirada firme decirle al enemigo: *"¡Cuidadito, no la toques, ella es mi hija!"* y en las noches que no logro dormirme por alguna razón, me imagino a Dios acariciándome el cabello y diciéndome: *"¡Hija mía, duerme, duerme tranquila! ¡No llores, no te preocupes niña, papá cuida de ti y te defiende, todo estará bien!"*. He pasado por algunos momentos desagradables en mi vida como tú. Si no has llorado en la vida, no has vivido... Todas llevamos cicatrices y todas tenemos recuerdos amargos. Soy testigo que existe gente tan insegura, tan infeliz que te lastimarán sin haberles hecho absolutamente nada. Pero ya no me preocupa como antes, ni me quitan el sueño sus opiniones. No importa lo que digan de mí, mi padre me ama. No importa lo que piensen los demás, no tengo la mínima duda que Dios cuida de mí y me defiende...

✡ *"Pero alégrense todos los que en ti confían;*
Den voces de júbilo para siempre, porque tú los defiendes;
En ti se regocijen los que aman tu nombre". Salmos 5:11

Cuando crees esta gran verdad, aprendes a confiar en Dios y el confiar en Dios produce en ti felicidad, mucha felicidad. Nadie me ama y me defiende tanto como Dios. Quizás no puedas defenderte, quizás no sepas que hacer, ¡tranquila! Tu padre te defenderá y te devolverá lo que el enemigo te quitó. No tomes la justicia en tus propias manos. Perdona, no guardes rencor, no permitas que tu corazón se enferme con falta de perdón. Dios hará justicia, porque Él es justo (Salmos 50:6). Él quiere que confíes en Él, porque Él peleara por ti. *"Jehová peleará por vosotros, y vosotros estaréis tranquilos"* (Éxodo 14:14). Dios también siente coraje cuando me quitan algo que con amor Él me ha dado. Estoy segura que Dios cuida de mí, de mi familia y aun de mis cosas. Puedo dormir tranquila, porque mi Padre me defiende. Él está despierto cuando duermo (Isaías 27:3), Él cuida de su niña. Y si el diablo se atreve a engañarme y logra quitarme algo que me dio mi "papá", me lo tendrá que devolver o sino papá me dará algo mejor.

"Después de haber orado Job por sus amigos, el Señor lo hizo prosperar de nuevo y le dio dos veces más de lo que antes tenía".
Job 42:10 NVI

Huellas en La Arena
Una noche tuve un sueño. Soñé que caminaba por la playa con el Señor y en el cielo veía proyectadas varias escenas de mi vida. En cada escena vi pares de pisadas en la arena. Un par de huellas correspondían a mis pies, el otro par a los del Señor. Cuando se proyectó ante nosotros la última escena de mi vida, volví la vista hacia atrás y contemplé las pisadas en la arena. Noté que en muchas ocasiones, a lo largo de la senda de mi vida había sólo un par de pisadas. Noté que esto ocurría también en los momentos más depresivos y tristes de mi vida. Esto me preocupó y le pedí una explicación al Señor. Señor, tú dijiste que una vez que yo decidiera seguirte, caminarías todo el tiempo conmigo, pero advierto que en los momentos más difíciles hay un solo par de pisadas. No entiendo por qué en los momentos que más te necesitaba, me abandonabas. El Señor me contestó: -"¡Hija querida! Yo te amo y nunca te dejaría en los momentos de prueba y sufrimiento. Cuando veías un solo par de pisadas, era porque Yo te llevaba en mis brazos".

Los Brazos de Papá

Debes aprender a descansar en los brazos de Dios. Ten paz, nadie te hará daño. No estás sola. *"Justificadas, pues, por la fe, tenemos paz para con Dios por medio de nuestro Señor Jesucristo; por quien también tenemos entrada por la fe a esta gracia en la cual estamos firmes, y nos gloriamos en la esperanza de la gloria de Dios"* (Romanos 5:1-2). La gente podrá decirte muchas cosas, te harán querer sentir culpable, juzgarte y hasta condenarte por tus errores, pero Jesús te dice hoy lo contrario: *"¡Yo no te condeno! No fui a la cruz para que tú te sientas más condenada, más culpable, más pecadora... morí por ti para que seas libre"*. Sólo tienes que creer en Jesús, es por Él que nos podemos acercar a Dios y es sólo por su divina gracia que fuimos perdonadas.

Cada vez que el temor quiera enfriar tu fe, recuerda este versículo y repítelo varias veces: *"En el amor no hay temor, sino que el perfecto amor echa fuera el temor; porque el temor lleva a si castigo. De donde el que teme no ha sido perfeccionado en el amor"* (1 Juan 4:18). Si quieres confiar más en Dios, haz todo lo posible para conocer cuánto Dios te ama. Al conocer su amor, sentirás como aumenta tu fe y el temor se irá de ti. *"Y nosotros hemos conocido y creído el amor que Dios tiene para con nosotros. Dios es amor; y el que permanece en amor, permanece en Dios, y Dios en él"* (1 Juan 4:16). En el próximo capítulo, te compartiré más acerca de la importancia de conocer el amor de Dios. Cuanto más conozcas de su amor por ti, más segura serás. Además, como resultado iras recuperando todo lo que habías perdido y obtendrás todo lo que Dios tiene preparado para ti. Dios ya te bendijo con toda bendición espiritual (Efesios 1:3). *"Y poderoso es Dios para hacer que abunde en nosotros toda gracia, a fin de que, teniendo siempre en todas las cosas todo lo suficiente, abundéis para toda buena obra"* (2 Corintios 9:8).

Recuerda, Dios quiere que seas feliz. Cuando te sientas sedienta de amor, aceptación, misericordia, perdón, paz, gozo, seguridad… no pierdas tiempo en distraer tu alma. Tu alma tiene sed y sólo Dios puede saciarla. El salmista David escribió: *"Hacia ti extiendo las manos; me haces falta, como el agua a la tierra seca"* (Salmos 143:6 NVI). ¿Te has sentido sedienta alguna vez? Dios es el agua viva que desea tu alma. Clama a Él sin temor, Él saciara tu sed. Jesús te está esperando, porque ¡Dios quiere!

Cuando Jesús estaba en un pueblo, se presentó un hombre cubierto de lepra. Al ver a Jesús, cayó rostro en tierra y le suplicó:
"Señor, si quieres, puedes limpiarme".
Jesús extendió la mano y tocó al hombre. "Sí quiero" le dijo
"¡Queda limpio!" Y al instante se le quitó la lepra.
Lucas 5:12-13 NVI

No importa cuál sea tu necesidad hoy, Jesús te responde como le dijo al leproso, ¡*Si quiero!* No dudes más de su amor, Él quiere y Él puede hacerte libre hoy… *"¡Dios te ama y quiere que tú seas feliz!"*
Decide creerlo con todo tu corazón y serás muy feliz…

> Mi padre quiere verme feliz,
> el esta por mí y para mí,
> el me defiende y me protege,
> el me sustenta y me bendice,
> el me ama y me abraza,
> el quiere lo mejor para mí,
> el quiere verme sonreír
> el quiere abrazarme y besarme,
> el es el que pelea por mí
> es mi Sanador, mi refugio mi
> pronto auxilio cuando lo necesito.
> El me ama como soy!!!!

CAPITULO 2

Billetes Falsos

"Hoy pongo al cielo y a la tierra por testigos contra ti, de que te he dado a elegir entre la vida y la muerte, entre la bendición y la maldición. Elige, pues, la vida, para que vivan tú y tus descendientes".
Deuteronomio 30:19

Un hombre tenía dos hijos. El menor de ellos le dijo a su padre: "Papá, dame lo que me toca de la herencia". Así que el padre repartió sus bienes entre los dos. Poco después, el hijo menor se fue a un país lejano y allí vivió desenfrenadamente. Cuando ya lo había gastado todo sobrevino una gran escasez en la región, y él joven comenzó a pasar necesidad. Así que fue y consiguió empleo con un ciudadano de aquel país, quien lo mandó a sus campos a cuidar cerdos. Tanta hambre tenía que llego a querer comer la comida de los cerdos, pero aun así nadie le daba nada. Por fin el joven recapacitó y se dijo: *"¡Cuántos jornaleros de mi padre tienen comida de sobra, y yo aquí me muero de hambre! Tengo que volver a mi padre y decirle: Papá, he pecado contra el cielo y contra ti. Ya no merezco que se me llame tu hijo; trátame como si fuera uno de tus jornaleros"* (Lucas 15:11-21 NVI).

¿Qué dijo el hijo prodigo? Otra versión dice: "Ya no soy digno de ser llamado tu hijo". ¿Digno? El hijo no es hijo porque merece ser hijo. El hijo no es hijo porque sea digno de ser hijo. El hijo es hijo por nacimiento, no por mérito. No se trata de ganarnos el título de ser hijas, y ser hijas no tiene nada que ver con ser dignas. Es por eso que Jesús nos dijo que teníamos que nacer de nuevo (Juan 3). El nacimiento espiritual ocurre cuando creemos en la gracia de Dios. Efesios 2:8-9 dice: *"Porque por gracia sois salvos por medio de la fe; y esto no de vosotros, pues es don de Dios; no por obras, para que nadie se gloríe"*. ¡No se trata de nosotras! ¡No es por obras! ¡No es por buen comportamiento! ¡Es por Jesús! El hijo de Dios murió en la cruz y pago por nuestros pecados, resucito al tercer día y hoy nos ofrece una nueva vida, un nuevo nacimiento. ¡Somos hijas de Dios porque creímos en Él! El predicador Judah Smith lo describe así: *"Nuestra filiación no se basa en nuestra actuación, sino en la obra acabada de Jesús y nuestra fe en ese trabajo terminado"*. ¡Jesús lo hizo todo! ¡Él pago el precio por nosotras!

Ahora, esta historia del hijo prodigo se vuelve a repetir en muchas de nosotras. Somos hijas de Dios, creímos en su gracia y en su amor, obtuvimos un nuevo certificado de nacimiento, y luego nos distraemos y decidimos vivir sin Él. Al tiempo, cuando se terminan las fiestas, cuando se acaba la diversión, cuando aquella persona en que confiábamos nos rechaza y pensamos morir, es entonces cuando nos damos cuenta que nos hemos convertido en esclavas. ¿Qué paso? Dependemos únicamente de lo que la gente nos pueda dar (sobras, migajas, lo que sea), esperamos ansiosas el día en que alguien se acuerde de nosotras. Creíamos haber elegido bien (por un tiempo la pasamos muy súper, éramos la chica más alegre de la fiesta), pero ahora estamos sedientas, tristes, deprimidas y enfermas. Como la flor cuando la quitas de la tierra, como el pez cuando lo sacas del agua... vives y aparentas estar muy bien sin tu fuente de vida, pero es sólo cuestión de tiempo para que pierdas tu color. Jesús dijo: *"Sin mi nada podéis hacer"* (Juan 15:5). Pero ¿cómo, volver a Dios? ¿Volver a papá? ¡Qué vergüenza! Quizás pienses: Una vez me recibió y me perdonó, pero otra vez no creo que me reciba como su hija. No creo que me quiera ahora después de lo que hice. ¿Qué? No hicimos absolutamente nada para convertirnos en su hija, estábamos enfermas, sucias, llenas de pecado… Sólo creímos por fe en su gracia y recibimos su perdón, ¿y ahora que somos hijas legales de Dios estamos pensando que Él no nos va aceptar? ¿Por qué? Si nunca fue acerca de nosotras, nunca hicimos nada bueno para merecernos su amor. ¡No es por mis obras! ¡Nunca lo fue! ¡Es por su gracia! No te dejes engañar… ¡Vuelve niña, vuelve! ¡Papá te está esperando!

"Y cuando aún estaba lejos, lo vio su padre, y fue movido a misericordia, y corrió, y se echó sobre su cuello, y le besó" (Lucas 15:20). ¿Te puedes imaginar al padre corriendo? Leí una vez que en la cultura de aquella época los hombres no corrían (especialmente alguien de esta posición social). Se consideraba indigno que lo hicieran. Pero la Biblia dice que el padre *corrió* hacia él, lo abrazo y lo beso. ¿Te imaginas la felicidad del padre? ¿Te imaginas el abrazo de oso que le dio a su hijo?

Estoy segura que el hijo pródigo ignoraba cuanto le amaba su padre. Me doy cuenta por su actitud. Cuando el hambre lo hace reaccionar de lo que ha hecho, vuelve en sí y piensa en volver a casa de su padre como un jornalero, no como un hijo. No se imaginó las noches sin dormir de su padre y el dolor en su pecho. No se imaginó la fiesta que le esperaba por su regreso. No se imaginó lo que sentiría el padre al verle vivo, otra vez en sus brazos. Quizás toda su vida la familia lo comparó con su hermano mayor, quizás no era tan inteligente o tan fuerte, quizás había cometido un grave error y no se podía perdonar. Quizás pensó que él era una vergüenza para su padre. Que sería mejor que su padre no le tuviera cerca, es por eso que se fue de su casa y estuvo en fiestas tratando de llenar su corazón con alegría, regalando dinero para tener la aceptación de la gente, aun sabiendo que la amistad era fingida. Cuando dejamos de depender del amor de Dios, volvemos a repetir el triste patrón del hijo prodigo; nos sentimos indignas. Recordamos a diario nuestras faltas, nuestros errores y nos convencemos en que no merecemos ser hijas de Dios por lo que hemos hecho. Pensamos que nuestras vidas son una vergüenza para Dios y no queremos avergonzarlo. Nos rehusamos volver a Él porque no conocemos cuan grande es el amor de Dios y si finalmente volvemos a Él, lo hacemos con una mentalidad de jornaleras, nos cuesta aceptar los privilegios que tenemos por ser hijas. Cómo me duele cuando escucho a mujeres que desearían acercarse a Dios pero dicen no ser dignas; me conmuevo en hacerles entender que Dios nos ama sin importar lo que hayamos hecho, Él no puede dejar de amarnos, Él es nuestro padre. ¡Déjate abrazar por Papá!

"Nosotros le amamos a él, porque él nos amó primero".
1 Juan 4:19

Dios Decidió Primero

Él nos amó primero y aun sabiendo que le íbamos a fallar, Él decidió amarnos igual. El amor de Dios no está condicionado en quien tú eres, sino en quién es Él. Él es el amor y no puede dejar de amarnos. Agradezco a Dios por la oportunidad que me dio de ser mamá. Cuando mi primera hija Kaylen nació entendí mucho más el amor de mis padres y conocí aún más como Dios puede amarme aun con mis imperfecciones. Si yo siendo imperfecta amo a mis hijos con todos sus defectos ¿cómo nos debe amar Dios, si su amor es perfecto?

Pero el padre ordenó a sus siervos: "¡Pronto! Traigan la mejor ropa para vestirlo. Pónganle también un anillo en el dedo y sandalias en los pies. Traigan el ternero más gordo y mátenlo para celebrar un banquete. Porque este hijo mío estaba muerto, pero ahora ha vuelto a la vida; se había perdido, pero ya lo hemos encontrado".
Lucas 15:22-24

El hijo pródigo se fue de la casa engañado, confundido, sintiéndose rechazado y olvidado. Pero al volver a su casa, después de recibir todos los regalos, de disfrutar la gran fiesta que su padre hizo por él, de haber comido manjares preparados especialmente para él, de haber danzado con su padre y haberlo visto regocijarse junto a él, de haber escuchado sus tiernas palabras y haber recibido sus dulces caricias, luego de saludar a su padre con un beso y un extenso abrazo; me puedo imaginar que el joven volvió a su cuarto con su corazón feliz. Se recostó en su cama y apoyo su cabeza en la misma almohada donde había planeado irse de su casa porque creía que nadie lo amaba. Esa misma noche me imagino que el joven no podía dejar de pensar, ¡cuánto me ama mi padre y no lo sabía!

Billetes Falsos
A mi mamá le gusta mucho leer y aprender cosas nuevas, lo hermoso de ella es que siempre lo comparte con su familia. Es una excelente maestra y si estas cerca de ella seguro aprenderás algo nuevo e interesante. Una vez mamá nos comentó que había leído un artículo de como los agentes de la FBI entrenan para detectar los billetes falsos. Ella nos preguntó: ¿Qué billetes piensan ustedes que ellos estudian intensamente, los billetes falsos o los verdaderos? Para mi sorpresa mamá nos dijo que estos agentes se pasan el día estudiando billetes verdaderos y es por eso que cuando ven un billete falso lo detectan inmediatamente. Luego aprendí que es el mismo procedimiento que usan las máquinas detectoras

de billetes. Lo que detectan es si cumple con todos los requisitos del dinero verdadero, es decir, reconoce los billetes verdaderos y el que no es lo descarta. Ante nuestros ojos parece que reconoce los falsos, pero no es así. Si quiero vivir una vida libre, sin mentiras, sin engaños, tengo que conocer la verdad, que la verdad sea tan real para mí que apenas piense o escuche una mentira pueda identificarla en el momento y no aceptarla como verdad. La palabra de Dios dice: *"El corazón es engañoso"* (Jeremías 17:9). Quiere decir que mi corazón no siempre me dirá la verdad, que mis sentimientos me pueden mentir. Si quiero vivir libre de engaño tengo que conocer y aceptar la verdad de quien realmente soy y de quien soy.

"De tus mandamientos he adquirido inteligencia; por tanto, he aborrecido todo camino de mentira".
Salmos 119:104

DECIDE CREER LA VERDAD

Cada vez que creo la palabra de Dios, estoy creyendo la verdad, porque Dios no puede mentir (Números 23:19). Dios quiere que seas siempre feliz, pero es tu decisión serlo. Antes, cualquier cosa me afectaba y me ponía triste, hoy cada vez menos... porque estoy aprendiendo a elegir lo que creo y lo que pienso. Somos libres cuando decidimos creer la verdad. Si nos sentimos esclavas, oprimidas, feas, que nadie nos ama, que somos buena para nada, es porque hemos decidido creer una mentira, estamos siendo engañadas. Es bien triste cuando nos engañan, pero aún más triste cuando nos engañamos a nosotras mismas por algo que sentimos, que pensamos o que nos imaginamos. *"Otra vez Jesús les hablo, diciendo Yo soy la luz del mundo, el que me sigue, no andará en tinieblas, sino que tendrá la luz de la vida"* (Juan 8:12). Mientras no tomemos la decisión de creer la verdad, el inmenso amor de Dios, el poder del perdón, el precio que pagó Jesús por nosotras en la cruz, la autoridad que se nos fue dada por ser hijas de Dios, la magnitud de la gracia y la misericordia de Dios, viviremos siempre en esclavitud porque somos esclavas de las mentiras que creemos. Si nuestro corazón está enfermo, muchas veces te hará creer que es más importante lo que sientes, lo que piensas... lo que dicen de ti y no lo que la verdad dice. *¡No te dejes engañar!* Viviremos confundidas mientras decidamos confiar en nuestro corazón. *"El que confía en su propio corazón es necio; mas el que camina en sabiduría será librado"* (Proverbios 28:26). Decide conocer la verdad.

"Guardare tu ley siempre, para siempre y eternamente.
Y andaré en LIBERTAD, porque busque tus mandamientos".
Salmos 119:44-45

Mi corazón me podrá decir: *"Nadie te ama. Nunca vas a encontrar un amor verdadero. Eres fea, eres tonta, nadie se fijara en ti. Tu vida no tiene propósito. No vales nada. Eres débil, no tienes fuerzas. Eres pobre, no tienes nada".* Aun la gente que cree conocerte opinara de ti cuando ni si quiera se conocen ellos mismos. Si sus palabras contradicen la verdad, no les creas.

LA VERDAD dice:
Eres *amada*, *"con amor eterno te he amado"* (Jeremías 31:3).
Eres *escogida*, *"nos escogió en él"* (Efesios 1:4).
Eres *aceptada*, *"con la cual nos hizo aceptos"* (Efesios 1:6).

Necesitamos conocer el corazón de Dios; como Dios nos ve, como Dios piensa, como Dios siente, entonces seremos libres porque conoceremos la verdad. No creas todo lo que la gente dice de ti. No permitas que en tu corazón haya mentira. No guardes odio, rencor, ira, rechazo... Enséñale a tu corazón la verdad de quien tú eres, muéstrale el camino donde dirigirse y estarás en paz con él. *¡Tú decides!*

> *"De sus caminos será hastiado el necio de corazón; pero el hombre de bien estará contento con el suyo".*
> *Proverbios 14:14*

DECIDE CONOCER LA VERDAD

"Y conoceréis la verdad y la verdad os hará libres" (Juan 8:32). La palabra "conocer" en este versículo en su original en hebreo es usada para describir conocimiento a través de una relación de intimidad. En génesis vemos la misma palabra cuando dice Adán *"conoció"* a Eva y dio a luz. La palabra "conocer" en estos versículos se refiere a tener intimidad. Jesús también dijo que Él era la verdad (Juan 14:6). Con estos dos versículos puedo entender que si lo conozco a Él (la verdad), conozco su amor por medio de una relación "íntima" con Él, entonces seré realmente libre.

No puedes decir que realmente conoces a alguien hasta que convives con esa persona. Todas las mujeres creemos estar muy seguras que conocemos al novio antes de casarnos, pero realmente le conocemos como persona cuando nos casamos, cuando convivimos juntos bajo el mismo techo y cuando tenemos intimidad. Cuantos más años juntos, más nos vamos descubriendo. De la misma manera, creo que si realmente quiero conocer a Dios necesito tener una relación con Él. Me viene a memoria el versículo que dice: *"Mi pueblo fue destruido, por falta de conocimiento"* (Oseas 4:6). Al pueblo le falto *"relación con la verdad"*. El enemigo no quiere que tengas una relación íntima con la verdad, porque entonces no podrá engañarte. Su arma más poderosa contra ti es *"la ignorancia"* de cuanto Dios te ama, de quien tú eres en Cristo y en la autoridad que hay depositada en ti por medio del sacrificio de Jesús en la cruz. *Nada se puede comparar a tener una relación con "la verdad".* Necesitas que la palabra de Dios se haga parte de ti, que penetre hasta en tu inconsciente, que guíe tus pensamientos, tus sentimientos, tus acciones, tus palabras y sólo podrá ser por medio de una relación con Dios. En este libro compartiré varias experiencias inolvidables que quedaron grabadas en mi corazón. Hace unos años decidí escribirlas en un cuaderno para no olvidarlas y al pasar el tiempo cuando las leo vuelvo a disfrutar ese momento. Te recomiendo hacerlo, escribe todo lo que aprendes con Dios, te sorprenderá que rápido pasa el tiempo y como vas creciendo espiritualmente. Soy testigo de que Dios es real y que su amor siempre llega justo a tiempo para sanarme y levantarme. Fui libre de temores, libre de inseguridades, libre de falta de perdón, ¡libre! Creo firmemente que no se trata acerca de una religión, sino de tener una relación con Dios. ¿Cuándo fue la última vez que hablaste con Papá?

"¡Cuan dulces son a mi paladar tus palabras!
Más que la miel a mi boca". Salmos 119:103

¿Quién Soy Para Ti?
Viniendo Jesús a la región de Cesárea de Filipo, preguntó a sus discípulos: ¿Quién dicen los hombres que es el hijo del hombre? Ellos dijeron: Unos, Juan el Bautista; otros, Elías; y otros Jeremías, o alguno de los profetas. Él les dijo:¿Y vosotros quien decís que soy yo? Respondiendo Simón Pedro, dijo: Tú eres el Cristo, el hijo del Dios viviente (Mateo 16:13-16). Los discípulos supieron contestar la primera pregunta, *¿quién dicen los hombres que soy?* Ellos habían caminado con Jesús por un buen tiempo y habían escuchado miles de comentarios acerca de Él. Todos estaban muy bien informados de lo que la gente opinaba acerca de Jesús, pero cuando Jesús les preguntó: *¿Quién soy yo*

para a ustedes? Sólo un discípulo de los doce pudo contestar esa pregunta. ¿Qué paso con los otros once que estaban con Jesús? ¿Cómo puedes estar tan cerca de alguien, decirle que le amas y no tener una imagen clara de quien es para ti? (No es que esté hablando mal de los discípulos, por favor entiéndeme, todas cometeremos este error en la vida y esta historia creo que nos puede enseñar a todas una gran lección). Ahora, volviendo a la historia, Pedro respondió: *"Tú eres el Cristo, el Hijo del Dios viviente"*. Jesús le respondió: *"Bienaventurado (tres veces feliz) eres, Simón, hijo de Jonás, porque no te lo revelo carne ni sangre, sino mi Padre que está en los cielos"* (Mateo 16:17).

DECIDE CONOCER A JESÚS

Nuestra felicidad será completa cuando conozcamos a Jesús y decidamos tener una relación con Él. Lo que escuchaste o leíste acerca de Él podrás olvidarlo, pero nunca olvidaras los momentos en su presencia, ¡no existen palabras para describir lo que se siente!

¿Quién es Jesús para ti? ¿Por qué le amas? ¡Él quiere escucharte! ¡Él quiere que te acuerdes de Él! Como dice una canción que cantaba cuando era niña: *¡Él quiere que lo lleves a tu trabajo y al parque también! ¡Él quiere ser tu amigo!* Porque Dios no es un Dios muerto...

Triste es el silencio de aquellas personas que amamos y no lo dicen.

Jesús le respondió a Pedro: "Simón, hijo de Jonás" en otras palabras Jesús le dijo a Pedro: "Yo conozco quien tu eres". ¡Qué descanso y que alivio saber que Jesús me conoce! ¿Por qué uso la palabra *alivio*? Te vuelvo a recordar, porque *"Engañoso es el corazón más que todas las cosas, y perverso..."* (Jeremías 17:9). Ni yo me conozco. Hay días que no sé lo que quiero. Hay días que pienso que nadie me entiende y hay otros días que ni siquiera yo me entiendo. Pero que hermoso es saber que Dios me conoce y puedo ir a Él en los días inciertos y Él me dirá quién soy yo y que es lo que quiero. Dios siempre me recuerda: "Eres mi niña". Un día pensé: Hay padres que recuerdan el primer paso de su bebe, el día que su bebé dijo mamá, papá... el día que su hijo comenzó la escuela, pero al pasar los años muchos se olvidan. Mas Dios conoce el día y la hora que fuimos concebidas, nuestro primer bostezo, nuestra primera sonrisa, la primera vez que lloramos, lo recuerda todo. Él estuvo ahí cuando nadie nos vio, Él nos vio. Puedes creer en Él cuando te dice: "Te conozco", porque Él te hizo y siempre ha estado a tu lado.

"Así dice Jehová, Hacedor tuyo, y el que te formo desde el vientre, el cual te ayudara: ¡No temas!". Isaías 44:2

Jesús y Zaqueo

"Porque el Hijo del Hombre vino a buscar y a salvar lo que se había perdido" (Lucas 19:10). ¿Jesús vino a buscar lo que se había perdido? ¿Qué se perdió? En los versículos anteriores vemos que Jesús estaba hablando con Zaqueo, un hombre rico y jefe de los publicanos. Él procuraba ver y escuchar a Jesús, pero a causa de la multitud que seguía a Jesús, él no podía acercarse. Entonces se subió a un árbol para verle. *"Cuando Jesús llego a ese lugar, mirando hacia arriba le vio y le dijo: Zaqueo date prisa, desciende porque hoy es necesario que pose yo en tu casa"* (Lucas 19:5). ¿Quién busco a quién? ¿Crees que fue casualidad que Jesús justo se detuvo bajo el árbol donde se encontraba Zaqueo?

Jesús vino a buscarme y a salvarme, porque estaba lejos de Dios y era esclava del pecado. Él vino a acercarme a Dios mi padre y a hacerme libre de la paga del pecado. Jesús le dijo a Zaqueo: *"Hoy ha venido la salvación a esta casa"* (Lucas 19:9). Nosotras también somos partícipes de este gran privilegio. Jesús vino a la tierra, el Hijo de Dios, murió en una cruz por ti y por mí para salvarnos. Hoy tú puedes tener una relación con Dios, por medio de la preciosa sangre de Jesús que te limpia de todo pecado. ¡Hoy! ¡No dejes para mañana lo que puedes hacer hoy! Jesús le dijo: *"Hoy es necesario que vaya a tu casa"*. No le dijo: "Estoy bien ocupado, pídele a uno de mis discípulos que se fije en mi agenda y te dé una cita conmigo mañana". ¡No! Jesús dijo: "¡Hoy y ahora! ¡Date prisa! ¡Urgente!". ¡Mira cuanto Dios te ama! ¡Él quiere bendecirte hoy! Y hay algo más que resalta en su respuesta: "Hoy es necesario que pose en tu casa". Fíjate como Dios no solamente está pensando en ti, pero también en toda tu casa. ¡Dios ama tu familia!

Dios Odia el Pecado
En Génesis leemos que Adán y Eva tenían una hermosa relación con Dios. Dios les visitaba en el Edén y ellos hablaban con Él, pero cuando desobedecieron y comieron del fruto que Dios les había mandado que no comieran, dice la palabra que tuvieron que irse del jardín del Edén. En otras palabras, el pecado los obligó a alejarse de Dios (Génesis 3). Es por eso que Dios odia el pecado, porque nos aleja de Él y nos destruye (Romanos 6:23). Es muy difícil tener una relación a la distancia sin poder ver o hablar con quién amas, y aún más difícil es ser padre estando lejos de tu hijo. Tampoco nuestra relación con Dios puede sobrevivir si estamos separadas de Él. Después de la caída de Adán y Eva vemos en la Biblia hombres como Abraham, Moisés, David, Noé y muchos más, que amaban a Dios y querían conocerle, querían acercarse a Él, e hicieron todo lo posible para tener una relación con Dios. Pero el plan de Dios no era ser amigo de algunos hombres, su plan fue desde el principio tener una relación con la humanidad. Entonces como los hombres no le buscaban, Él envió a Su Hijo a buscarles.

*"Pero Dios demuestra su amor para con nosotros,
en que siendo aún pecadores, Cristo murió por nosotros".*
Romanos 5:8

Jesús vino a restaurar la relación con el Padre que se había perdido. La Biblia dice: *"Porque de tal manera amó Dios al mundo, que ha dado a su Hijo unigénito, para que todo aquel que en Él cree, no se pierda, mas tenga vida eterna"* (Juan 3:16). ¡Mira cuanto Dios amo al mundo! Pero, ¿por qué amó al mundo? El mundo estaba lleno de gente mala, pecadora, imperfecta, enferma... Hace dos mil años atrás los religiosos, expertos en la ley, no entendían porque Jesús pasaba tiempo con los pecadores. Murmuraban de Él porque no entendían sus razones (Lucas 19:7). ¿Cómo puede el Hijo de Dios comer con pecadores? A Jesús nunca le importo las críticas de los fariseos porque Él conocía su misión en la tierra, "buscar y salvar lo perdido". Las palabras controversiales de Jesús en esa época eran "yo solo hago la voluntad de mi Padre". ¿Dios ama a los pecadores? Si, Jesús nos demostró con su ejemplo cuanto Dios Padre nos ama. La gente religiosa no le podía entender a Jesús porque no conocían realmente el amor de Dios. Si eres imperfecta, si estas herida, si pecaste, si necesitas un salvador, Jesús vino a la tierra y murió por ti... Dios ama al pecador. Mira cuanto Dios te amó, que sacrifico a su único hijo para salvarte. Él quiso que supieras por medio de su Hijo cuanto Él te ama y el camino para llegar a su casa.

Recientemente leí un pensamiento acerca de Jesús cuando estaba en la cruz y dijo: *"Eli, Eli, ¿lama sabachtani? Esto es: Dios mío, Dios mío, ¿por qué me has desamparado?"* (Mateo 27:46). La escritora Beth Moore opina que ese fue el momento donde el pecado de la humanidad vino sobre Jesús. ¿Por qué? Porque Jesús en ese momento se sintió lejos del Padre, cuando Él siempre habló de su seguridad y cercanía al Padre.

El pecado nos aleja de Dios porque Él es santo. ¿Quieres estar cerca? Necesitas creer en Jesús y permitir que Él te limpie de todo pecado. Si nunca has hecho una oración para recibir a Jesús en tu corazón, puedes hacerla ahora mismo. ¡Hoy es tu día! En la última página de este capítulo tienes un ejemplo de oración. ¡Bienvenida a la familia! *"Jesús le respondió: Yo soy el camino, la verdad y la vida. Sin mí, nadie puede llegar a Dios el Padre"* (Juan 14:6 TLA).

Jesús Es Apasionado Por Ti
"Mis ovejas oyen mi voz; yo las conozco y ellas me siguen. Yo les doy vida eterna, y nunca perecerán, ni nadie podrá arrebatármelas de la mano. Mi Padre, que me las ha dado, es más grande que todos; y de la mano del Padre nadie las puede arrebatar" (Juan 10:27-29 NVI). Que hermosas palabras las de Jesús, llenas de amor y pasión por nosotras. ¿Sabías que nadie te puede arrebatar de las manos de Jesús? Este versículo me recuerda a un campamento de niños que tuvimos con nuestra iglesia. Habíamos terminado un hermoso momento de ministración y los niños estaban testificando de lo que habían sentido. Especialmente, recuerdo la respuesta sorprendente de una adolescente que había venido invitada al campamento por primera vez, nunca había escuchado hablar de Dios. Una de esas noches, ella aceptó a Jesús como su salvador y nos comentaba lo que ella experimentó cuando todos juntos oramos por ella. Ella lo describió exactamente así: "Yo vi que dos personas se peleaban por mí, pero el más grande en un momento gritó ella es mía y el otro me tuvo que soltar". Ahora, esta niña nunca había leído este versículo, ni tenía idea de quienes peleaban por ella, pero nosotros con los niños sabíamos que Él mayor era Jesús y comenzamos a gritar de alegría: ¡Jesús ganó! ¡Jesús ganó! ¡Jesús ganó! ¡Qué noche inolvidable! Cuando tú pones tu vida en las manos de Dios, nadie te puede sacar de sus manos…

"Mi Padre, que me las ha dado, es más grande que todos;
y de la mano del Padre nadie las puede arrebatar".
Juan 10:27-29 (NVI)

Cuando No Entiendo a Dios

Hay gente que cree en Dios, pero no cree en Su amor (consciente o inconscientemente) y es por eso que les cuesta decidir tener una relación más íntima con Dios porque no le pueden entender. ¿Si Dios me ama tanto y Él quiere que yo sea feliz entonces por qué...? ¿Y por qué lo otro? ¿Y por qué me paso tal cosa? ¿Y por qué me abandonaron? ¿Y por qué me abusaron? No te sientas culpable si has pensado de esa manera alguna vez en tu vida, todas tenemos preguntas que quisiéramos que Dios nos respondiera. La vida para ninguna de nosotras ha sido perfecta. Quiero decirte que te entiendo y quiero ayudarte. Entiendo que quieras tener una explicación por todo lo que has sufrido. Quizás llevas cicatrices de un pasado difícil y aunque deseas correr a los brazos de Dios sientes como que hay algo que te lo impide. Quizás ese algo sea producido por no poder entender completamente a Dios y eso produce temor, depresión, ansiedad, insomnio, desconfianza, inseguridad y muchas preguntas... ¿Si Dios realmente quiere que yo sea feliz, por qué tanta infelicidad en mi vida, por qué tanto dolor? En una ocasión yo misma le hice a Dios una pregunta similar: ¿Cómo un Dios de amor puede permitir tantas cosas dolorosas en la vida? Hasta que un día pude entender que somos nosotros los que cometemos injusticias y no Dios. ¿Cómo puede ser tal cosa? Comenzaré desde el principio en Génesis cuando Dios creó al hombre. Dios hizo al hombre para tener una relación con Él, para amarle y para que ambos fueran felices (así como nosotras preparamos la casa, la ropita y los pañales de nuestro bebé antes de que nazca, así Dios preparó la tierra antes de crear a su hijo). Ahora, cuando Él creó al hombre, como Dios es amor, puso en el hombre el derecho a escoger (libre albedrío), sino hubiésemos sido robots y no seres humanos. El hombre puede elegir querer a Dios o no, porque si te obligan amar no es amor, ¿verdad? Como el hombre decidió creer una mentira, desobedeció y le dio la espalda a Dios, el mal comenzó en el mundo y hasta el día de hoy la humanidad continúa pagando las consecuencias de esa mala decisión. El hombre sin Dios vive en la oscuridad, el mal que te hicieron, el engaño y el abuso fue el "humano" engañado y gobernado por el diablo. Dios es bueno y Él detesta la maldad. Cuando decidimos no elegir a Dios, nuestra humanidad pecaminosa toma las decisiones hasta el bendito día que tenemos un encuentro con Dios y le pedimos perdón por nuestros pecados y Él nos da una nueva vida. Ahora, guiados por el Espíritu Santo a toda verdad, caminamos en luz y no más en tinieblas.

"Porque todos los que son guiados por el Espíritu Santo, estos son hijos de Dios". Romanos 8:14

El Barbero y El Cliente
Un hombre fue a una barbería a cortarse el cabello y entabló una conversación con el barbero. En un momento de la conversación el barbero dijo: "Yo no creo que Dios exista".
"¿Por qué dice usted eso?" preguntó el cliente.
El barbero respondió: "Es muy fácil, al salir a la calle se da cuenta de que Dios no existe... Y si no, dígame. Si Dios existe ¿Por qué hay tantos enfermos? ¿Por qué hay niños abandonados? No amigo, si Dios existiera, no habría sufrimiento, ni tanto dolor para la humanidad. No puedo pensar que exista un Dios que permita todas esas cosas".
El cliente se quedó pensando y no quiso responder para evitar una discusión. Al terminar su corte de cabello, el cliente salió del negocio y vio a un hombre con la barba y el cabello largo. Entró de nuevo a la barbería y le dijo al barbero: "¿Sabe una cosa? Los barberos no

existen". "¿Cómo? ¿Y yo, que soy?" respondió el barbero.

"¡No!" dijo el cliente. "Los barberos no existen" repitió el cliente, "Porque si existieran no habría personas con el pelo y la barba tan larga como la de ese hombre".

El barbero le respondió: "Los barberos si existen, el problema es que esas personas no vienen hacia mí".

"¡Exacto!" dijo el cliente. "Ese es el punto. Dios sí existe, lo que sucede es que las personas no van a Él y no le buscan, por eso hay tanto dolor y tanta miseria en este mundo".

Ahora, ¿estás segura? ¡Dios existe! ¡Dios te ama y quiere que seas feliz! Desde que naciste, Él ha deseado que tú le conozcas para que puedas ser feliz. Sólo tienes que decidir creer que Él te ama y conocer cuan grande es su amor. Por experiencia propia, te puedo decir que su amor sanará toda herida en tu corazón y usará tus cicatrices si tú le permites para mostrarle a alguien que tenga su corazón herido como tú, que su amor es real y que es poderoso para sanar. Dios siempre está listo para sanar tus heridas, no importa que profundas sean y cuanto dolor te hayan causado. Él está dispuesto a esperarte toda una vida. *"Con amor eterno te he amado; por tanto, te prolongué mi misericordia"* (Jeremías 31:3).

¿Será hoy el día que corras confiadamente a sus brazos de amor?
¡Tú decides!

CARTA A DIOS

Padre, te doy gracias por amarme. Antes de la fundación del mundo pensaste en mí, me aceptaste y me escogiste porque me amaste. Gracias por permitirme nacer. Gracias por haber estado siempre conmigo. Gracias por acordarte de mí y por haber enviado a Jesús para venir a salvarme. Gracias por lavar mi corazón con tu sangre divina y por perdonar todos mis pecados. Gracias por adoptarme como tu hija y por darme el privilegio de llamarte "Papá". Gracias por cuidar de mí y defenderme. Me consuelas cuando me lastimo, me enseñas y me corriges porque me amas. No hay nada que yo pueda hacer para que Tú me dejes de amar. Hoy confieso con mis labios lo que creo en mi corazón, Tú eres mi Dios, eres el amor, eres real, eres la verdad y nunca dejaras de ser. Recibo tu perdón y acepto tu amor. Con confianza hoy te entrego mi corazón herido, Tú lo conoces. Creo que tu amor tiene el poder para sanarlo y restaurarlo a su originalidad. Creo que Tú quieres que yo sea feliz y no acepto ninguna mentira que quiera esclavizarme. Todos mis temores se van porque tu amor hecha fuera el temor, toda inseguridad, todo celo, toda envidia, toda lástima, todo pensamiento de fracaso, todo rechazo, toda baja estima, todo dolor, toda enfermedad, y soy libre en el Nombre de Jesús. Amén.

Tu Hija Amada

Si nunca le has pedido entrar a Jesús en tu corazón, repite en voz alta esta oración y Él vendrá a morar dentro de ti...

Oración de Salvación

Jesús vengo a Ti tal como soy. No quiero estar más lejos de Ti. Me arrepiento de todos mis pecados, y de mis malas decisiones. Limpia con Tu preciosa sangre mi corazón de toda maldad, y pon Tu amor en el. Enséñame a confiar plenamente en Ti. La vida no tiene sentido sin tu amor. Recibo Tu perdón y perdono a todos los que me han hecho daño. Renuncio a Satanás y a todas sus mentiras. Señor yo me entrego a Ti por completo, entra en mi corazón y mora en el. Mi vida es tuya desde ahora en adelante. Jesús, creo que Tú eres el Hijo de Dios y te acepto como mi Señor y Salvador. Yo creo que mi nombre es escrito en el libro de la vida. Lléname con tu Espíritu Santo.
Gracias Señor por salvarme, ¡Gracias! Amén.

Si hiciste esta oración con sinceridad, la palabra de Dios dice que ahora eres "Hija de Dios". Eres una nueva criatura, el pasado oscuro y pecaminoso quedó atrás y ahora comienzas a caminar en la luz. Jesús prometió que Él nos daría al Espíritu Santo y que Él nos enseñaría todas las cosas. Comenzaras a experimentar la presencia de Jesús en ti y nunca más volverás a ser igual porque su amor nos cambia por completo. ¡Los mejores días no han quedado atrás, recién comienzan! *¡Felicidades, haz tomado la mejor decisión en tu vida!*

CAPITULO 3

Un Té Caliente

*"Amo al SEÑOR, porque ha oído mi voz y mis súplicas.
Porque ha inclinado a mí su oído, le invocaré en todos mis días.
Me rodearon los dolores de la muerte, me encontraron las angustias
del sepulcro; angustia y dolor había yo hallado.
Entonces invoqué el Nombre del SEÑOR, diciendo:
Libra ahora, oh SEÑOR, mi alma. Clemente es el SEÑOR y justo;
sí, misericordioso es nuestro Dios".
Salmos 116:1-5*

Era una mañana tranquila. La lluvia entonaba una dulce melodía. Estaba sentada en la sala de mi casa, al lado de la ventana, tapada con una manta y tomando un té caliente como acostumbro, especialmente en las mañanas frías. Meditaba en Dios mientras saboreaba mi té, *"Señor, te amo, te amo, te amo..."*. Mi ser se desbordaba de amor por Él. ¡Qué mañana tan romántica! Dios sabe como me gusta la lluvia. Cuando de repente hice silencio y sentí en mi espíritu la voz de Dios con una pregunta que paso por mi mente, *¿por qué me amas?* Inmediatamente respondí: "Señor tu sabes porque te amo. Eres mi amigo, eres mi maestro, eres mi padre, eres todo para mí, eres el aire que respiro". Comencé a recordar momentos dolorosos en mi vida, como cuando me llevaron de emergencia al hospital una noche que no soportaba más los dolores en mi abdomen y al revisarme los doctores me dijeron que tenía piedras en mi vesícula y que me tendrían que operar de emergencia. Tenía cinco meses de embarazo con mi primera hija, nunca había estado en un hospital, no entendía lo que estaba pasando, mamá estaba lejos, mi padre y mi esposo me acompañaban pero no podían entrar conmigo a la sala de operación. Recuerdo las palabras que me dijo mi padre justo antes de entrar: "Debbie, solo habla en lenguas" (orar en el Espíritu nos fortalece). Sólo Dios pudo acompañarme en ese cuarto de operación, Él sostuvo mi mano y la de mi bebé. Dios nunca me ha dejado sola. Sé que puedo confiar en Él plenamente. Lágrimas corrían por mis mejillas esa mañana mientras continuaba describiéndole cuan hermoso es tenerle en mi vida, el privilegio que es para mí servirle y muchas cosas más que venían a mi mente. Creo que esa mañana Dios quería que le describiera con mis propias palabras por qué le amo y lo intenté, me faltaron palabras, pero lo intenté. Cuando termine de hablar con Él, después de algunos minutos, me quede pensando en su pregunta. Nunca antes había sentido a Dios preguntarme ¿por qué le amo? Dios sabe exactamente lo que siento por Él, aun mejor que yo misma.

¡Nunca olvides que Dios es el único que conoce realmente tu corazón!

No aguante mi curiosidad ese día y le pregunte a Dios ¿por qué me pediste que te dijera cuánto te amo, si sabes todas las cosas? Y Él me respondió con otra pregunta, *¿por qué le preguntas a tus hijos y a tu esposo si te aman y por qué te aman?* Si, es verdad, lo hago muy seguido. No me había dado cuenta. ¿Por qué siempre les hago esas mismas preguntas si yo sé que me aman y sé por qué me aman? No necesito preguntarles, pero entonces ¿por qué lo hago? Me quedé unos segundos buscando la razón hasta que la encontré. Porque no hay nada más bello que escucharles decir a las personas que tú amas mucho, cuanto te aman a ti y porque te aman, en sus propias palabras. Saberlo es muy especial, pero escucharlo es hermoso... no hay comparación.

Mi hijo Kenny es muy analítico, siempre tiene alguna historia o algún comentario único que me deja admirada. Cada vez que le pido algo me contesta con una pregunta, siempre intentará negociar conmigo. Un día le pregunte a Kenny cuando era pequeño, ¿me amas? Me respondió: "Sí, te amo mamá". Le dije: "¿Por qué me amas Kenny?". "Porque me das cosas, ¿pero sabes lo que aún no me has dado? Un perrito". Yo sabía que mi hijo quería un perrito, lo sabía muy bien, siempre le han gustado los animales, pero él no tenía edad para cuidar de un perrito, sería una carga para él, en vez de ser alegría. Al pasar el tiempo, cuando Kenny creció y me mostró que sería responsable con el perrito, lo primero que hice fue aceptar que me regalaran uno (lo más difícil fue convencer a mi esposo, no le gustan los animales en la casa, pero por Kenny lo aceptó). Nunca dudes del amor de Dios. Él te ama y sabe exactamente lo que necesitas y lo que quieres. A veces somos como Kenny, *"Señor, si me das esto te amare más"*. Cuando estemos listos Dios nos dará lo que queremos. Sólo dile cuanto le amas y cuanto le seguirás amando por quien Él es y no por lo que Él te puede dar, entonces le harás muy feliz.

"Oh Jehová, de mañana oirás mi voz;
De mañana me presentaré delante de ti, y esperaré".
Salmos 5:3

Esa mañana cuando hablaba con Dios aprendí que Él desea escucharme, porque soy su hija, Él disfruta oírme, con mis propias palabras y con mi manera de expresarme. Entonces, desde ese día decidí ser más creativa, no aburrirle con las mismas frases, las mismas razones, las mismas canciones... Esa mañana le dije: *"¡Eres tan hermoso! Eres para mí como un té caliente en la mañana fría... ¡Ahhh, que rico se siente el calor de tu amor!"*

"Amaras al Señor tu Dios con todo tu corazón,
y con toda tu alma y con toda tu mente".
Mateo 22:37

Cuando conozcas cuanto Dios te ama y creas en su amor, su perdón y su gracia, comenzaras amar a Dios con tus pensamientos, tus palabras, tus acciones... Luego ese amor penetrará hasta tu alma (tus sentimientos) y quedara grabado en tu mente (tu memoria, tus recuerdos). Es tan fácil amar a alguien que nos ama tanto. Lo que ocurre muchas veces es que nos olvidamos de cuanto Dios nos ama, es entonces que nuestro amor por Él se enfría... pero al instante que comienzas a recordar la bondad de Dios, su misericordia, su paciencia y su amor tan perfecto, no puedes evitar decirle, *¡cuánto te amo padre!*

Disfruta cada momento que hables con Dios y cada oportunidad que tengas de leer sus cartas. ¡Sí! La Biblia, la palabra de Dios, está llena de cartas de amor. Si la lees sin conocer la razón del porque se escribió y para quien se escribió, quizás te parezca un libro aburrido y exigente. Pero cuando conoces al autor, encuentras que es un Padre tierno que desesperadamente busca tener una relación con sus hijos, comienzas a entender su corazón valiente, te conmueve su amor incondicional, sus palabras te estremecen y de repente todo comienza a tener sentido, el día que descubres: *"¡Yo soy su hija amada!"*. Todas sus cartas son para ti, para que seas feliz y no lo sabías. *¡Cuánto me ama mi Padre!* La palabra de Dios es nuestro alimento diario. Si no meditamos en ella muy fácilmente nos distraemos. La palabra es nuestra lámpara, en medio de la oscuridad nos guía. La palabra nos enseña, nos consuela y nos levanta. Por medio de la palabra sabemos quiénes somos y cuanto Dios nos ama. La palabra nos recuerda siempre, *¡Dios quiere que seamos felices!*

Cuanto más conoces a Dios, más crece tu amor por Él.

Dios quiere tener una relación contigo. ¡Él quiere ser tu Padre! Él quiere ser la relación más importante en tu vida. Fíjate que la Biblia nos enseña a tener una buena relación con nuestros padres, esposo, hijos, amigos, vecinos, empleados, jefes, suegras ¡sí, suegras!... Es importante para Dios que tengas relaciones saludables. Pero nunca permitas que estas otras relaciones tomen el primer lugar en tu corazón. Puedes tener cantidad de amigas, estar casada con "Superman" y ser la hija de mujer maravilla, pero nunca te olvides de Dios, tu relación primordial, Él te amo primero. Lo hermoso de tu relación con Dios es que mientras aprendes amarlo correctamente, aprenderás amarte a ti y aprenderás amar a los demás.

DECIDE HONRAR A DIOS

"El hijo honra al padre, y el siervo a su señor. Si, pues, soy yo padre, **¿dónde está mi honra?** *y si soy señor,* **¿dónde está mi temor?** *dice Jehová de los ejércitos a vosotros, oh sacerdotes, que menospreciáis mi nombre. Y decís: ¿En qué hemos menospreciado tu nombre? En que ofrecéis sobre mi altar pan inmundo. Y dijisteis: ¿En qué te hemos deshonrado? En que pensáis que la mesa de Jehová es despreciable. Y cuando ofrecéis el animal ciego para el sacrificio, ¿no es malo? Asimismo cuando ofrecéis el cojo o el enfermo, ¿no es malo? Preséntalo, pues, a tu príncipe; ¿acaso se agradará de ti, o le serás acepto? dice Jehová de los ejércitos"* (Malaquías 1:6-8).

¿Qué es honra?

Honra es una demostración de aprecio que se hace a una persona que estimamos mucho, que consideramos de gran valor, alguien que siempre le estaremos agradecidos. Dios nos pide que honremos a nuestros padres para que podamos tener larga vida. *"Honra a tu padre y a tu madre, para que tus días se alarguen en la tierra que Jehová, tu Dios, te da"* (Éxodo 20:12). Podrás decirme todo lo malo e injusto que fueron tus padres contigo, pero nada de eso podrá descartar la verdad que fueron ellos los instrumentos que Dios utilizó para que tú nacieras. Si ellos no se hubieran unido, tú no hubieras nacido y esa razón es suficiente para demostrarles honra toda la vida. Quizás ellos no entiendan lo que tú hagas y hasta desprecien tu honra, pero que no te desanime, hónrales porque Dios te pide hacerlo. La honra le enseña a nuestro corazón a ser agradecidos y a estimar a las personas, moldea tu carácter y es salud para tu cuerpo. Un día cuando tus padres se vayan de esta Tierra, podrás despedirles en paz porque hiciste tu deber como hija y de tus hijos cosecharas la honra que tú sembraste en tus padres. Creo que lo que Dios quiere enseñarnos por medio de la honra es ser agradecidos. Declaro que Jesús te sana ahora mismo de toda niñez triste; de todo abandono, de todo abuso y te da la fuerza para perdonar a tus padres por sus errores. Hoy decide hónrales por quienes son. ¡Te hará mucho bien!

¡Padre, ayúdanos a ser buenos padres!

Honrar es una decisión sabia que debe nacer primero en el corazón. De nada nos sirve lo que hacemos, si lo hacemos con las motivaciones equivocadas. Puedo imitar honrar a los demás, pero al igual que sembrar una semilla de plástico no tendré ningún fruto. Nuestra honra tiene que ser dada por las razones correctas y tiene que ser sincera (Mateo 15:8). Debemos honrar siempre a Dios porque Él es nuestro Padre. Él nos dio la vida. La Biblia dice en Isaías 29:13, *"Porque este pueblo se acerca a mí con su boca, y con sus labios me honra, pero su corazón está lejos de mí, y su temor de mí no es más que un mandamiento de hombres que les ha sido enseñado".* En otras palabras, sus labios dicen cosas bonitas, pero sus corazones no piensan lo mismo. Sus actitudes y sus acciones no son sinceras, y el culto que me dan es pura rutina humana, no es que quieran hacerlo para mí, es que ya es una costumbre para ellos.

¿Cómo puedes honrar a Dios?
* Con tu obediencia (Proverbios 8:32-34)
* Con tu alabanza (Salmos 34:1-4) (1 Tesalonicenses 5:18)
* Con tu tiempo (Salmos 27:4) (Mateo 6:21)
* Con tu servicio (Juan 12:26) (1 Samuel 16:23)
* Con tus pensamientos (Filipenses 4:8-9)
* Con tus bienes (Proverbios 3:9)

"Señor, digno eres de recibir la gloria, la honra y el poder, porque tú creaste todas las cosas, y por tu voluntad existen y fueron creadas."
Apocalipsis 4:11

DECIDE RESPETAR A DIOS
"El fin de todo el discurso es este: Teme a Dios, y guarda sus mandamientos; porque esto es el todo del hombre" (Eclesiastés 12:13). La palabra *temor* en este versículo no significa "tener miedo" sino "tener reverencia". El rey Salomón fue muy sabio, muy rico y tuvo todo lo mejor que este mundo puede ofrecer; palacios, oro, piedras preciosas, fama, etc. (1 Reyes 10:23). ¿Por qué el rey dijo que tener "temor a Dios" es lo más importante en la vida? ¿Puedes tener una buena relación sin respeto? ¿Estás de acuerdo con Salomón que el respeto es necesario en

una relación saludable? Por mi parte, sí estoy de acuerdo. Creo que es muy importante el respeto en mi relación con Dios.

No puedes amar a quien no respetas.

Muchas veces Dios te pedirá cosas que no entiendes por qué debes hacerlas, no entiendes por qué te las pide a ti y a otro no. Pero cuando no entiendas a Dios, no dejes de respetarlo. *¡Obedécele con amor!*

"Porque mis pensamientos no son vuestros pensamientos, ni vuestros caminos mis caminos, dijo Jehová. Como son más altos los cielos que la tierra, así son mis caminos más altos que vuestros caminos, y mis pensamientos más que vuestro pensamientos". Isaías 55:8-9

Si apreciamos nuestra relación con Dios debemos aprender a respetarlo. Respetar su tiempo, sus palabras, sus motivos, sus acciones y sus decisiones. *¿Cómo puedo decir que quiero amar a Dios pero no respeto su voluntad?* Si quiero tener una relación con Dios, debo aprender a respetar su persona. Si alguien te dice que te ama, pero nunca te habla, no quiere estar contigo, se avergüenza de ti e ignora tus deseos, lamentablemente, esa relación un día se va debilitar, dejará de existir porque no fue respetada. El respeto mutuo es lo que fortalece una relación. Puede ser que respetes a alguien sin amarle, pero nunca podrás realmente amarle sin respetarle.

Acababa de predicar y sentí la urgencia de apartarme en un cuarto para hablar a solas con Dios. Recuerdo que estaba teniendo una bella conversación con Él cuando escuche unos pasos en el pasillo y de inmediato me pare e hice silencio. ¿Por qué me pare? me pregunte. "¡Señor, perdóname! No quiero que nadie me vea en el piso y piense que soy religiosa", enseguida contesté excusándome. Al instante pensé, ¿qué importa lo que la gente piense de ti Débora? ¡Respeto, estás hablando con Dios! Me volví a postrar en ese momento y continué mi conversación con Él. Ese día aprendí que si para Dios es importante nuestra conversación, la debe ser para mí también. Como respeto a mi padre terrenal, debo aprender a respetar a mi Padre Celestial. Dios es mi Padre y merece mi respeto.

Nunca es tarde para amar, el amor siempre dejará huellas para que le busques y le vuelvas a encontrar.

De Niña Era Fácil Creerle a Dios
Mi padre fue de gran inspiración para mí, él nos enseñó a mi familia el poder de la oración. Él siempre comparte con nosotros sus experiencias con Dios. Una vez mi hermana pequeña Luciana se enfermó de hepatitis, estaba muy grave y con mi hermana Lorena la llevamos a la cocina (tendríamos entre seis y ocho años), la ungimos con aceite, oramos para que ella sanara y así sucedió. Lo sobrenatural en casa siempre fue normal. Cuando mi padre comenzaba hablar con los adultos acerca de Dios y las manifestaciones de su poder, siempre estaba atenta escuchando y luego lo ponía en práctica. Sabía que sólo tenía que creer en Dios y Él actuaría. De niña era tan fácil creerle a Dios, luego crecí y ya no fue tan fácil. Cuando somos adultos cuestionamos todo, siempre necesitamos tener una explicación que nos haga sentido para poder creer. Jugar, ni hablar, ya no tenemos tiempo para disfrutar, hasta nos cuesta saborear un helado de fresa por pensar en cuantas calorías tiene. De niñas bailábamos bajo la lluvia, hoy lamentamos que nuestro cabello se moje.

Mamá me preguntó un día si quería aceptar a Jesús en mi corazón, estábamos en su dormitorio sentadas en su cama y ella me guío en una oración. Luego me dijo que podía hablar con Él las veces que quisiera y desde ese día hablo con Él. Tenía siete años cuando recibí el don de hablar en lenguas, junto a mi hermana Lorena que tenía seis, en un servicio donde mi padre había ministrado acerca de la persona del Espíritu Santo y sus dones "regalos". Al terminar la enseñanza, mi padre hizo la invitación y el altar se llenó de adultos y niños, nunca me olvidaré fue un febrero 3 de 1986. Aún en mi temprana edad, recuerdo que me era fascinante escuchar hablar de Dios. Creía totalmente en Él, quería conocerle más y recibir todo lo que Él quería darme. Junto a mis amigas, disfrutábamos mucho orar, ¡siempre ocurría algo sobrenatural!

Lo Que No Entendía De Dios Cuando Era Niña
¿Maestro, es lo único que nos va enseñar? ¡Ya no somos niños y usted continua enseñando sobre el mismo tema! Tenía aproximadamente once años cuando interrumpí la clase y sin vergüenza alguna le pregunté al maestro que estaba dando la enseñanza en la escuela dominical. Quería aprender de otras historias más interesantes de la Biblia. Estábamos estudiando sobre *"Los Diez Mandamientos"* (Éxodo 20). Parecía que estábamos estancados en el desierto y que nunca llegaríamos a la tierra prometida. Lo único que entendía de la enseñanza era "no, no, no". Sólo faltaba que el maestro dijera: No amigos, no chicles, no parque, no diversión, no chocolates. Los mandamientos son sólo 10, pero en la clase parecían 100. Todos los domingos los mandamientos en mi mente se multiplicaban, la lista era cada vez más larga y me sentía frustrada.

*"Clama a mí, y yo te responderé, y te enseñaré cosas grandes
y ocultas que tú no conoces". Jeremías 33:3*

Esa mañana en la escuela dominical, a mi corta edad no podía entender lo que hablaba el maestro. Ese no era el mismo Dios que yo conocía y hablaba todos los días conmigo. Dios es amor, es tierno, es dulce, es mi amigo, no podía imaginármelo diciéndome "NO" tantas veces. Pasaron como unos diez años y un día el Espíritu Santo trajo a memoria una ocasión cuando era adolescente. Un día un grupo de amigos jóvenes me invitaron a un parque de diversiones y mis padres me dijeron que no podía ir. Les rogé y les rogé, pero no obtuve ningún resultado. Me encerré en mi cuarto y lloré todo el día (quería castigar a mis padres con mi indiferencia), no entendía sus razones y ese día hasta cuestioné si realmente me amaban como yo creía. Años después cuando el Espíritu Santo trajo ese recuerdo a mi memoria perdoné a mis padres por algo que hace mucho tiempo había olvidado, la niña había crecido y ahora entendía, me fue fácil perdonar. No les comprendía en ese momento, pero ellos sabían algo que yo no sabía y me estaban protegiendo. Realmente me amaban más de lo que yo me imaginaba. De la misma manera Dios quiere protegerte, para que no tropieces, para que no te lastimes y para que seas feliz. No te ofendas con Él cuando no entiendas su "no", un día entenderás todas sus razones...

"Yo soy el Señor tu Dios, que te enseña lo que te conviene,
que te guía por el camino en que debes andar.
Si hubieras prestado atención a mis mandamientos,
tu paz habría sido como un río; tu justicia, como las olas del mar".
Isaías 48:17-18 (NVI)

Los diez mandamientos fueron establecidos por Dios para proteger al pueblo de Israel, para marcarles entre lo bueno y lo malo, para que viviesen bien, para que fueran libres y felices. Es su amor que pone barreras para no herirnos a nosotras mismas, cierra algunas puertas que no nos convienen y saca algunas cosas de tu alcance que te pueden lastimar. Si eres madre, recordarás cuando tu bebé comenzó a caminar.

Tapabas la escalera, cerrabas puertas y escondías cualquier objeto que pudiera ser peligroso. Mientras tus bebes crecen los "NO" podrán cambiar, pero siempre serán por la misma razón, para protegerles porque tú les amas mucho. Tu amor no cambia, siempre continuará firme, protegiéndolos aún pasen los años, las modas, las amistades, etc. Siempre será prioridad para nosotras las madres que nuestros hijos estén sanos, seguros y sean felices. Mientras esté en nuestro alcance, aún sean adultos, haremos todo lo posible por su bien estar. El otro día hablaba con una anciana muy preocupada por la felicidad de su hijo, me comentaba como no podía dormir en las noches por pensar en él y en como poder ayudarle. Le estaba afectando su salud y no tenía paz. Ella lo describía a su hijo como si fuera un niño, inexperto e inocente. Le pregunte, ¿cuántos años tiene su hijo? Me contesto "cincuenta". Para esta madre su hijo aun con canas seguía siendo su niño.

DECIDE OBEDECER A DIOS

¿Quieres ser feliz? Decide creer en Dios y aún cuando Él cierre algunas puertas, no dejes de creer en su amor. Obedece la instrucción de Dios, no por obligación, ni de mala gana, porque si es así, siempre te va a costar e irritar lo que Dios te pida. Se madura en el momento que Dios te discipline y acepta su corrección, segura que si Dios te disciplina es porque te ama. Cuando entiendas Su amor, entenderás su corrección.

"Hija mía, no menosprecies la disciplina del Señor
ni desmayes cuando eres reprendida por él, porque el Señor al que
ama, disciplina, y azota a todo el que recibe por hija.
Si soportáis la disciplina, Dios os trata como a hijas;
porque ¿qué hija es aquella a quien el padre no disciplina?
Pero si se os deja sin disciplina, de la cual todos han sido
participantes, entonces sois bastardas, no hijas.

*Por otra parte, tuvimos a nuestros padres terrenales
que nos disciplinaban, y los venerábamos.
¿Por qué no obedeceremos mucho mejor
al Padre de los espíritus, y viviremos?".*
Hebreos 12:5-9

Todo Es Por Tu Bien
El otro día cuando estábamos en el servicio de la iglesia, le pedí a mi hijo que asistiera a la escuela dominical y yo estaba confiada que él estaba ahí. Pasaron unos minutos y fui hacia atrás de la iglesia donde están los baños y me sorprendió verlo sentado en el piso contra una pared jugando con un juego electrónico. Le llame la atención, le explique que me había desobedecido y que eso no estaba bien. Siempre les recuerdo a mis hijos que cuando me obedecen, me están demostrando su amor. En ese momento lo vi a Kenny bien arrepentido. ¿Qué vamos hacer ahora? le pregunté. Se quedó pensando por un momento y luego contesto sonriendo: *"Mañana terminare toda la tarea que me has pedido hacer de la escuela"*. ¿Todo? pregunté sorprendida. Me dijo: "Si mamá, te lo prometo". Al otro día vino feliz a mostrarme que había terminado todo su trabajo y me dijo sonriendo: *"En realidad la penitencia me hizo bien, ahora tengo todo el día libre para jugar"*. "Por supuesto, nunca permitiría una penitencia que te hiciera daño" le contesté mientras lo abrazaba y le recordaba cuanto lo amo. En ese momento sentí a Dios preguntarme: "¿Ahora me entiendes? Nunca voy a permitir una prueba que te haga daño, todo lo que permito en tu vida siempre será para tu bien". Sé que es difícil entender esto cuando estas en medio de una aflicción en tu vida. Siempre es más fácil ver cómo te está afectando, en vez de cuanto te está ayudando. Sólo cuando termine la prueba, entenderás y podrás ver con claridad cuanto has crecido, cuanto has cambiado, cuanto has mejorado, cuanto bien te ha hecho pasar por lo que

pasaste. El Apóstol Santiago tuvo sabiduría y pudo entender el propósito de las pruebas, él escribió así: *"Hermanos míos, considérense muy dichosos cuando tengan que enfrentarse con diversas pruebas, pues ya saben que la prueba de su fe produce constancia. Y la constancia debe llevar a feliz término la obra, para que sean perfectos e íntegros, sin que les falte nada. Si a alguno de ustedes le falta sabiduría, pídasela a Dios, y él se la dará, pues Dios da a todos generosamente sin menospreciar a nadie"* (Santiago 1:22-25 NVI). La experiencia le había enseñado que si guardaba su fe en el momento de la prueba, todo lo que Dios permitiera en su vida sería para su bien... *"Y sabemos que a los que aman a Dios, todas las cosas les ayudan a bien, esto es, a los que conforme a su propósito son llamados"* (Romanos 8:28).

"Dichosos las que guardan sus estatutos
y de todo corazón le buscan".
Salmos 119:2 NVI

Lo importante es nunca olvidarnos que Dios nos ama. Descansa en Él en este momento, respira profundo y repite conmigo: "Dios, aunque no entienda lo que estoy viviendo, decido ser feliz, porque creo que tú me amas y sé que transformaras esta aflicción en bendición". ¿Qué decides sembrar en tiempo de aflicción? José, el muchacho en la Biblia que fue vendido por sus hermanos, esclavo y prisionero pudo decir: *"Dios me hizo fructificar en la tierra de mi aflicción"* (Génesis 41:52). Nunca dejes de confiar en Dios. Nunca dejes de obedecerle. El joven José decidió obedecer a Dios aun cuando no entendía el propósito de su aflicción. Después del desprecio, la vergüenza y el olvido, José entendió porque Dios había permitido todo lo que le había sucedido. Dios estaba formando su carácter, lo estaba haciendo un hombre sabio, porque él sería el próximo administrador de todo el imperio Egipcio.

Prohibido Estacionar
Hace unos años atrás vivía en una casa donde podía ver la calle desde mi dormitorio. Todas las mañanas tenía la costumbre apenas me levantaba de mirar hacia afuera, ver la gente caminar, los autos pasar, las ardillas jugar y los pajaritos parados en los cables de electricidad. ¡No es que sea chusma! Como dice mi amiga, ¡soy observadora! Esa mañana observé algo, había un auto estacionado en un área prohibida. ¡Oh, no! ¡Seguro la policía le va a dar una multa! Habiendo tantos otros espacios para estacionar, justo estacionó en el lugar incorrecto. Continuaba mirando hacia afuera mientras meditaba en el conductor del carro que había cometido la infracción. ¿Cómo no se dio cuenta ese hombre? ¿Acaso no vio el cartel en rojo? No pasaron más de uno o dos minutos que sentí al Espíritu Santo comenzar a corregirme. Me mostró que yo también estaba mal estacionada... ¡Sí! En mi mente. Al igual que al dueño del auto, esa mala decisión no me daría paz. *¡Qué fácil es mirar para afuera y ver los errores de la gente! ¡Qué fácil es juzgarles!* En ese momento, el Espíritu Santo me hizo reflexionar acerca de lo que estaba pensando el día anterior. *"Ese pensamiento no debe estar en tu mente. ¡Sácalo o te hará daño!"* me dijo. Habiendo tantas otras cosas para pensar, había elegido la incorrecta, estaba mal estacionada. La palabra dice:

"Por los demás, hermanos, en todo lo que es verdadero, todo lo honesto, todo lo justo, todo lo puro, todo lo amable, todo lo que es de buen nombre; si hay virtud alguna, si algo digno de alabanza, en esto pensad". Filipenses 4:8

La paz de Dios viene a nuestras vidas por pensar en todo lo puro, lo amable, lo honesto, lo justo, lo amable... No puedo pretender sentir paz y estar pensando en lo que no debo. No puedo pretender hacer lo incorrecto y obtener buenos resultados. ¿Qué es pensar lo incorrecto?

Cuando pienso en mentiras, engaños, disgustos, pleitos, maldad, crimen, robos, injusticias, etc. ¡Nada bueno! ¿De qué me sirve pensar en lo malo? ¿Cómo crees que te harán sentir esos pensamientos que no provienen de Dios? ¿Feliz? ¡No! Producirán en ti tristeza, desánimo, temores, etc. Hay personas adictas a ver los noticieros sangrientos y luego sufren de depresión, ansiedad, incertidumbre, desanimo… *¿Qué de bueno tiene saber todas esas malas noticias? ¿Qué bien le hace tu salud?*

La persona que estaciono mal en la calle seguramente tendrá que pagar una penalidad, pero yo también tendré que pagar una penalidad si permito que haya desobediencia en mí. Pagaré la consecuencia que es tristeza, angustia, pena, vergüenza, dolor… Dios me dice en su palabra: *"Yo te he declarado lo que es bueno"* (Miqueas 6:8). Al igual que al dueño del auto nosotras sabemos donde es prohibido estacionar, Papá ya nos dijo. Es nuestra decisión obedecer su instrucción o ignorarla.

Dios Sabe Algo Que Yo No Se
"Como son más altos los cielos que la tierra, así son mis caminos más altos que vuestros caminos, y mis pensamientos más que vuestros pensamientos" (Isaías 55:9). Sé que Dios tiene información confidencial que yo desconozco, es por eso que he aprendido a confiar en Él aunque no entienda todas sus decisiones. Te daré un ejemplo: Si tú necesitas alquilar una vivienda para tu familia y yo te ofrezco un apartamento pequeño o una casa amplia con un hermoso terreno ¿cuál escogerías si ambas viviendas fueran por el mismo precio? Creo que todas preferiríamos la casa amplia ¿verdad? Si vamos a pagar lo mismo, preferible es una casa amplia y con terreno. Ahora, digamos que yo soy tu amiga y te cuento que he leído una cláusula que el dueño del apartamento ha incorporado en el contrato, esta dice que a los tres meses el regalará su apartamento a la persona que lo esté alquilando. Quiere

decir que si elijes el apartamento en tres meses será todo tuyo ¿te emociona la idea? ¡Por supuesto! ¿A quién no le gustaría? Con esta nueva información confidencial que te he dado, ¿cuál sería tu elección ahora? Me imagino que con mucha alegría elegirías el apartamento, pero ¿por qué cambiaste de opinión? Porque te di una información que no sabías antes de elegir la casa. Ahora ¿me entiendes? Dios conoce información confidencial que yo no sé, es por eso que hay veces que no tiene sentido por donde Él me lleva, pero entonces recuerdo esta historia y pienso ¿qué sabrá Dios que yo no sé? *"Y sabemos que a los que a Dios aman, todas las cosas les ayudan a bien"* (Romanos 8:28).

En tu caminar con Dios hay cosas que iras entendiendo mientras vayas madurando, otras en particular no necesitas saber, aunque Dios te las explicara no tendrían sentido para ti. Hay cosas que a mis hijos cuando eran bebes no les pude explicar, como el peligro del fuego, el dolor que produce una quemadura, las cicatrices, etc. Sólo les decía con una voz como de alarma, *"¡Caliente! ¡Caliente! ¡Caliente! ¡Bubu! ¡Bubu!"*. Me miraban por un momento y luego volvían a intentarlo, seguro pensaban, "quizás mamá no entiende que realmente quiero tocar el fuego". Y otra vez les decía, *¡no mi amor!* Gracias a Dios crecieron y no tuvieron ningún accidente grande, algunas que otras travesuras, pequeñas cicatrices, pero nada grave. Hoy puedo darles instrucciones y explicarles mis razones, me siento feliz cuando veo en ellos madurez, cuando entienden y con gusto obedecen. Pero luego están esas veces que aunque me pase todo el día queriendo explicarles no logran entender mis razones, entonces sólo les pido que si me aman por favor obedezcan a mamá y que dejen de negociar conmigo. Quizás estén disgustados conmigo por un tiempo y no puedo negar que me duela, pero sé lo que estoy haciendo, cuando sean padres seguramente tendrán mi perspectiva y entenderán mis razones. Luego hay otras veces que no les explico mucho, sólo parte, no quiero causarles daño diciéndoles algo que todavía no están maduros para escuchar. Hoy nuestra sociedad está llena de información por todas partes y la inocencia de nuestros niños sufre, porque aún no están capacitados para entender lo que algún día sabrán de más. *"Todo tiene su tiempo" (Eclesiastés 3).*

El salmista David fue pastor de las ovejas de su padre y él consideraba a Dios como su pastor. En el Salmo 23 él escribió, *"tu vara y tu cayado me infundirán aliento"* (Salmo 23:4). David aceptaba el "no" de Dios. Él se sentía seguro porque sabía que si Dios le decía que no era porque Él le estaba protegiendo, para que no cayera en la trampa, para que no se lastimara, para evitarle dolor, para que fuera feliz, para que viviera libre. *Sus instrucciones siempre son motivadas por "su gran amor".* Sé que te alegras mucho cuando Dios te dice que sí, saltas y gritas como niña con juguete nuevo. Pero, ¿cómo reaccionarías si Dios te dijera "no" la próxima vez que quisieras algo? *"No, niña, todavía no estas lista, espera un poquito más. No quiero esa persona para ti, sé que te hará mucho daño, ya pronto conocerás a quien te ame de verdad. No, no quiero ese trabajo para ti, no quiero que abusen de ti, tengo algo mejor para ti".* ¿Te atreverías alegrarte si Él te dijera "no" a algo que tú quieres mucho? ¿Por qué nos cuesta tanto aceptar su no? Porque creemos saber más que Dios, pensamos que lo que vemos es lo único que hay, pero debemos aprender que si Dios nos dice que "no" es porque tiene algo mejor y no nos quiere ver sufrir. Su plan supera lo que tú te imaginas y deseas *"como el cielo aventaja la tierra, así aventaja su plan al tuyo"* (Isaías 55:8-9). ¿A quién corres cuando te lastimas? Seguramente corres a Él en los momentos difíciles. Él siempre te está esperando para aliviar tu dolor, no importa cuántas veces te lastimes, pero Él quiere prevenirlo, porque tu dolor es su dolor. Si aceptas el "no" de Dios evitaras mucho dolor innecesario. Recuerda Dios quiere que seas muy feliz porque Él te ama.

Con el tiempo aprendí que los diez mandamientos que había aprendido en la escuela dominical, no eran tan difíciles y agrios como parecían cuando era niña. Dios envió a Jesús para explicarnos mejor y demostrarnos que la ley que le había entregado a Moisés era imposible obedecer sino amábamos a Dios. Jesús nos enseñó que el primer y gran mandamiento era amar a Dios con todo nuestro corazón, con toda nuestra alma y con toda nuestra mente. La Palabra de Dios en Mateo 22:38 dice: *"Este es el más grande y el primer mandamiento"*. La instrucción mayor para nosotras es *"amar a Dios"*. Si amas a Dios encontrarás satisfacción en obedecer su voz y aceptar su disciplina. Su palabra nos asegura que obedecer sus mandamientos y cumplir con sus instrucciones nos hacen bienaventuradas, que significa *"tres veces feliz"*. *No tienes nada que perder y mucho que ganar... ¡Hoy decide amarlo!*

"Bienaventurada la mujer que teme a Jehová,
y en sus mandamientos se deleita en gran manera.
Su descendencia será poderosa en la tierra;
la generación de los rectos será bendita.
Bienes y riquezas hay en su casa, y su justicia
permanece para siempre".
Salmos 112:1-3

¿Cómo amar a Dios? Jesús nos enseñó amar al Padre por medio de su relación con Él y esto he aprendido: Amo a Dios cuando decido honrarlo y respetarlo en mi vida. Amo a Dios cuando le tengo en cuenta en mis decisiones, converso con Él mis metas y mis sueños. Amo a Dios cuando obedezco sus instrucciones, aun cuando no entiendo sus razones. Cuando me dice que "no" me recuerdo a misma que sobre todo en mi vida he decidido amarle. Y si me equivoco, creo que amar a Dios requiere reconocer mis errores y aceptar que Él me corrija, porque Dios es un buen Padre. Él se interesa en formar el carácter de sus hijas. ¡Él quiere lo mejor para mí porque soy su niña! *"Hija mía, no tomes a la ligera la disciplina del Señor ni te desanimes cuando te reprenda..."* (Hebreos 12:5). Algún día cuando sea grande entenderé. Mientras tanto, si Él me dice que no suba la escalera, que no toque cosas de vidrio y que no cruce la calle sola, aun cuando crea que me estoy perdiendo la aventura de mi vida, escucharé su voz y me quedaré quieta. Porque Él me ama y no existe en la vida mayor descubrimiento que lo que Dios planeó para mí, con Él siempre estaré segura y nada me hará daño. *"Porque el Señor disciplina a los que ama, como corrige un padre a su hija querida"* (Proverbios 3:12).

Si quieres ser feliz, decide conocer cuánto Dios te ama, eres su hija, eres especial tesoro para Él. Cada día que le conozcas más, le aprenderás amar más y te será fácil confiarás más en Él. Es tan hermoso amarle cuando le conoces. No descuides tu relación con Él, no la dejes enfriar... Demuéstrale a diario tu amor, háblale, pasa tiempo con Él... *Sé que serás muy feliz, porque la mayor felicidad en la vida es descubrir cuanto Dios te ama y vivir para amarle.*

"¿Podrá una madre olvidarse del hijo de sus entrañas?
Pues yo de ti nunca me podré olvidar".
Isaías 49:15

"Tan compasivo es el Señor con los que le temen como lo es un padre con sus hijos. Él conoce nuestra condición; sabe que somos de barro".
Salmos 103:13-14

CARTA A DIOS

Padre, Tú eres mi Dios, Tú eres hermoso, yo sé que Tú me amas y es imposible que me dejes de amar, Tú eres el amor... Perdóname si alguna vez no entendí tu corrección, tu disciplina... Hoy reconozco que es tu amor corrigiéndome para protegerme. Tú me corriges como un padre porque me amas. Soy tu pequeña y siempre tienes cuidado de mí. Tú no quieres verme sufrir, Tú quieres que disfrute de esta vida y que sea feliz. Hoy acepto tu amor, acepto tu corrección y disciplina. Muéstrame que debo hacer. Te pido que me enseñes tus mandamientos, enséñame a amarlos y aplicarlos en mi vida. Te amo Padre...

Tu Hija Amada

CAPITULO 4

Mi Padre es el Piloto

"Por lo cual, por amor a Cristo me gozo en las debilidades, en afrentas, en necesidades, en persecuciones, en angustias; porque cuando soy débil, entonces soy fuerte".
2 Corintios 12:10

Una vez, una señora abordó un avión para viajar a Nueva York. Una niña entró buscando su asiento y se sentó al lado suyo. La niña era muy educada y pasó el tiempo coloreando su libro de pintar. No presentaba rasgos de ansiedad ni nerviosismo al despegar el avión. El vuelo no fue muy bueno, hubo tormenta y mucha turbulencia. De momento una sacudida fuerte y todos estaban muy nerviosos, pero la niña mantuvo su calma y serenidad en todo momento. ¿Cómo lo hacía? ¿Por qué su calma? Hasta que una mujer frenética le preguntó: "Niña, ¿no tienes miedo?". "No señora" contestó la niña y mirando su libro de pintar le dijo: *"Mi padre es el piloto"*. En la vida nos vamos a encontrar con problemas que nos sacuden como en una turbulencia. Habrá momentos en los que no veremos el terreno sólido y nuestros pies no pisen lugar seguro. En esos tiempos hay que recordar que nuestro Padre es el piloto. A pesar de las circunstancias, nuestras vidas están en las manos de Dios. Así que la próxima vez que llegue una tormenta a tu vida o si en este momento estás pasando por una, alza tu mirada al cielo, CONFÍA en Dios y di a ti misma: ¡Mi Padre es el piloto!

DECIDE CONFIAR EN DIOS
Cuando éramos niñas si papá nos pedía lanzarnos en sus brazos, no lo pensábamos dos veces. Cuando quisimos aprender andar en bicicleta no tuvimos un curso intensivo de balance, lo intentábamos hasta que aprendíamos andar sin rueditas. No nos preocupábamos de lo que íbamos a comer o vestir al siguiente día, sabíamos que nuestros padres se encargarían de eso. La confianza en nuestros padres quizás se fue enfriando al pasar los años, pero nunca es tarde para volver a creer como una niña. *¡Nunca es tarde para confiar en Papá!*

Estábamos en la casa con mis hijos y mi esposo estaba jugando con mi hija pequeña que en ese entonces tenía cinco años. En un momento él la alzo bien alto y hacía como que la iba a soltar, mientras ella reía a carcajadas mi esposo le preguntó: *"¿No tienes miedo que te suelte?"* y ella respondió como pudo entre su contagiosa risa, *"¡no papi, tú no me vas a soltar porque tú me amas!"*. Cuando escuchamos su respuesta con mi esposo nos miramos y sonreímos. Ese día Kristen nos enseñó a ambos una gran lección, *"ella está segura que su papá le ama y que él no permitirá nada que le haga daño"*. Así como ella confía en su papá, nosotras deberíamos confiar en Dios y no temer. ¡Es imposible que Él nos suelte! ¡Él nos ama!

En Lucas 18:15-17 dice: *"Traían a él los niños para que los tocase; lo cual viendo los discípulos, les reprendieron. Mas Jesús, llamándolos, dijo: Dejad a los niños venir a mí, y no se lo impidáis; porque de los tales es el reino de Dios. De cierto os digo, que el que no recibe el reino de Dios como un niño, no entrará en él".* En el contexto cultural judío de la época de Jesús, los niños no eran tomados en cuenta socialmente. Se les consideraba como modelo de inmadurez, ignorancia y torpeza. Es por eso que los discípulos no querían que los niños se acercaran a su Maestro. Me puedo imaginar sus caras cuando Jesús les pide que dejen que los niños se acerquen a Él y además los toma como ejemplo. Jesús les dice: *"así tienen que ser ustedes".* ¿Cómo niños? Sí, porque el Reino de Dios es para aquellos que son "como" niños. Los niños dependen del cuidado de sus padres, reciben lo que necesitan no porque se lo hayan ganado sino porque son hijos. No cuestionan, no dudan, ellos creen y nunca olvidan lo que uno les promete. Los niños creen y confían en sus padres, ¡esa debe ser nuestra actitud con Dios! Tenemos mucho que aprender de los niños.

¡Cree confiadamente en Dios como una niña le cree a su padre!

DECIDE ESPERAR CON PAZ

Recientemente fuimos toda la familia a la casa de mis padres para las fiestas de navidad. Somos ocho hijos, cinco cónyuges, catorce nietos (por el momento), mis padres y Rocco el perro. Todos los dormitorios estaban ocupados, mi hermana Melodie la más pequeña se encargó de organizarnos como si estuviéramos en un hotel ¡fue muy divertido! La casa estaba llena. Una mañana antes de empezar mi día me encerré en el primer cuarto pequeño que encontré sin gente para poder hablar a solas con Dios. Estaba feliz por estar con mi familia, pero no podía dejar de pensar en el edificio que necesitábamos para la iglesia. En ese pequeño cuarto lleno de abrigos, me senté en el piso y comencé adorar a Dios. En un momento abrí mis ojos y vi que justo debajo de los abrigos mis padres habían escondido regalos y al instante pude sentir a Dios decirme: *"Hija, el hecho que no veas lo que me estas pidiendo, no significa que no lo tenga escondido para ti. Solo espera en mi... ¡te voy a sorprender!"*. Salí de ese cuarto con una gran sonrisa en mi rostro. ¡Qué paz, qué seguridad y qué alivio! Dios conoce lo que necesito y lo que deseo en mi corazón, puedo confiar en Él. ¡Dios es un buen Padre! Esa experiencia me enseño que en su presencia puedo recibir la paz que necesito para poder esperar por aquellas cosas que deseo. ¡Dios te va a sorprender!

Jesús Lloro
"María estaba fuera llorando junto al sepulcro; y mientras lloraba se inclinó para mirar dentro del sepulcro; y vio a dos Ángeles con vestiduras blancas, que estaban sentados el uno a la cabecera, y el otro a los pies, donde el cuerpo de Jesús había sido puesto. Y le dijeron: ¿Mujer, porque lloras? Les dijo: Porque se han llevado a mi Señor, y no sé dónde le han puesto" (Juan 20:11-13). María Magdalena se encontraba en la tumba de Jesús llorando al no ver su cuerpo. Dos ángeles le preguntaron: *"¿Por qué lloras?"*. Me los puedo imaginar confundidos al ver a María llorando de tristeza, ellos sabían lo que había ocurrido, había llegado el tercer día tan esperado, la profecía se había cumplido, Jesús el hijo de Dios había resucitado. La muerte no le pudo detener. Las burlas del infierno habían terminado. Todo el cielo estaba de pie celebrando la victoria, sin embargo esta mujer estaba frente a la tumba vacía, preocupada, triste y confundida en medio de tan grande acontecimiento. María Magdalena les responde: *"¡Se han llevado a mi Señor!"*. Como ella no vio lo que había sucedido, al instante su mente asumió que alguien había robado el cuerpo de Jesús y ella muy preocupada lamentaba por su paradero. ¡Mira que interesante! En ese momento, ella creyó en lo que se imaginó que había sucedido, en vez de creer en las palabras de Jesús; es por eso que vino la preocupación y la tristeza. Quizás no veas lo que Dios está haciendo a tu favor, quizás lo que consideras en este momento un problema es evidencia de una gran

victoria en tu vida. No importa lo que estés viendo... ¿Te atreves a creer en lo que Dios te prometió? No permitas que la preocupación entre en tu corazón por el solo hecho que no sabes, no entiendes o no puedes ver lo que Dios está haciendo por ti y en ti. *¡No dejes de creer!*

Hace un tiempo atrás Dios nos pidió que nos moviéramos del estado de Texas al estado de New Jersey. Para nosotros fue una decisión muy difícil, especialmente para mí. En ese tiempo nuestros tres niños eran pequeños y estábamos bien cómodos en la casa que milagrosamente Dios nos había dado en Texas. Después de un año de vivir en New Jersey con mis padres, Dios nos concede nuestro gran deseo, el banco nos aprueba el préstamo para poder nuevamente comprar casa. Aunque la casa no era muy grande, era nuestra y estábamos felices en ella. Pasaron como tres años cuando un día estoy limpiando la casa y a la vez agradeciéndole a Dios por habérnosla dado, cuando siento a Dios que me dice: "Débora, no te acostumbres a esta casa, tengo otra casa para ustedes". En ese momento le creí a Dios, no cuestione para nada como Él lo haría, le creí como una niña y enseguida contesté: *"¡Okay! No me vendría mal un poco más de espacio y un parque cerca para los niños".* A los días con mi esposo pusimos la casa a la venta porque creímos que Dios tenía otra casa para nosotros y a los meses la casa se vendió. Llego el día de la mudanza y nosotros aún no teníamos donde mudarnos. Los primeros días fue divertido hospedarnos en un hotel pero al pasar los días se fue esfumando la emoción. Una hermana de la iglesia muy amable nos ofreció una casa vacía que ella tenía para hospedarnos mientras encontráramos nuestra casa. Así que llevamos sólo algunas valijas de ropa y nos acomodamos como pudimos. En uno de esos días fríos de invierno, rodeada de nieve, aburrida y llena de incertidumbre me encontré preocupándome, ansiosa por encontrar nuestra casa y por momentos me sentía triste, como María frente a la tumba imaginándome lo peor. Después de algunos días de meditar en Dios y en su palabra recordé cuando Él me prometió otra casa, y pensé: "Dios dijo que tenía otra casa para nosotros, entonces ¿por qué estoy preocupada?". Ese día cambié mis pensamientos y comencé a celebrar diciendo: "¡Gracias Dios, gracias por la casa nueva, yo confió en tu palabra, Tú no mientes! ¡No me preocuparé más, voy a confiar en Ti!". A los días nos estábamos mudando milagrosamente a nuestra nueva casa y era mucho más linda de lo que yo me imaginaba. Lo interesante es que el dueño de la casa tenía más de siete meses remodelándola para nosotros y no lo sabíamos. Seguro los ángeles se hicieron la misma pregunta ¿por qué se preocupa Débora si la casa se la están pintando?

"Y el Dios de esperanza os llene de todo gozo y paz en el creer, para que abundéis en esperanza por el poder del Espíritu Santo".
Romanos 15:13

No permitas que la preocupación te robe tu milagro. Si Dios te ha prometido que tu familia será salva, entonces sigue creyendo aún si lo que vez contradice lo que crees, *¡porque Dios no miente!* María Magdalena estaba triste por algo que no era verdad, algo que no había ocurrido. Estaba a minutos de conocer la victoria más grande que ha sucedido en la historia, la resurrección de nuestro Salvador Jesucristo. Ella creía en Jesús pero en ese momento la preocupación le hizo dudar su palabra. Jesús le había dicho que al tercer día resucitaría. Mira que fácil podemos caer en la trampa de pensar que confiamos en Dios pero dudamos su palabra. Cuando el amor todo lo cree (1 Corintios 13:7). En Juan 20:15-16 Jesús le dijo: *"¿Mujer, por qué lloras? Ella, pensando que era el hortelano (jardinero) le dijo: Señor, si tú lo has llevado, dime a dónde lo has puesto, y yo lo llevaré. Jesús le dijo: ¡María! Volviéndose ella, le dijo: ¡Maestro!".* Lo que ella buscaba estaba ahí frente a ella y su preocupación le impidió verlo. *¡Dios está contigo! ¿Lo puedes creer? Él nunca te desamparará y Él cumplirá lo que prometió.*

¿Preocuparme Yo?

Alguien una vez después de haberme comentado de un pequeño incidente, al retirarme sin darle ningún comentario al respecto, me dijo: "¡Pero Pastora, no se preocupe!". Sentí que mi corazón iba a estallar, justo esa semana Dios me había enseñado que mi preocupación es falta de fe, es falta de confianza, es falta de amor... quizás te cause risa, quizás te sorprenda, pero ese día lo tomé como un insulto, *¿quién, yo preocuparme?* Fue como si me hubiera dicho que yo no confiaba en Dios, lo tome muy personal (se despertó el orgullo que tenía escondido). Me di vuelta, levante mi rostro y con una sonrisa sarcástica respondí: *"Yo no me preocupo, yo confío".* Si algo tan pequeño me preocupa, es que en realidad no conozco al Dios que sirvo y no confío en Él. Tú tienes que procurar no dejarte convencer por la preocupación. Si tú crees en Dios y confías en Él, tienes que pararte firme en su palabra. Segura de que eres su hija y eres más que vencedora (aunque te miren extraño y piensen que eres un poco inmadura, ilógica, ignorante, etc.). No me importa lo que piensen los demás, he decidido creerle a Papá...

En Romanos 8:37 dice: *"Antes, todas estas cosas somos más que vencedores por medio de aquel que nos amó".* La palabra nos habla de cosas, *"todas estas cosas".* ¿Qué cosas? En versículos anteriores nos explica mejor, *"¿quién nos separara del amor de Cristo? ¿Tribulación, o angustia, o persecución, o hambre, o desnudes, o peligro, o espada?"* (Romanos 8:35). El amor de Dios me da seguridad. Cuando tenga que pasar por estas "cosas", Dios estará conmigo y si yo creo en Él, no me afectará la circunstancia. Es por eso que debo amarle con todas mis fuerzas, porque el verdadero amor todo lo cree. En otras palabras el

Apóstol Pablo escribe: *"¿Quién me podrá quitar la seguridad que tengo en Cristo? ¿Quién se atreve a decirme que no confío en Él?* En Romanos 8:38-39 dice: *"Por lo cual estoy seguro de que ni la muerte, ni la vida, ni Ángeles, ni principados, ni potestades, ni lo presente, ni lo por venir, ni lo alto, ni lo profundo, ni ninguna otra cosa creada nos podrá separar del amor de Dios, que es en Cristo Jesús Señor nuestro".* ¡Nada hará que yo deje de creer en Él y en su amor por mí!

DECIDE NO PREOCUPARTE

La paz de Dios reposa en nosotros cuando confiamos en Él. Tienes que estar segura, Dios es tu escudo y tu fortaleza. *"El Señor es mi fuerza y mi escudo; mi corazón en él confía; de él recibo ayuda. Mi corazón salta de alegría, y con cánticos le daré gracias"* (Salmos 28:7 NVI). Si yo me preocupo es evidencia de que no estoy confiando en Dios, y aún más, no estoy creyendo en su gran amor. No importa el nombre de tu aflicción, Dios está contigo, Él es mayor que cualquier gigante en tu vida y con Él obtendrás victoria. No creas que yo no lucho también con esos pensamientos de incertidumbre ¿quién no? Todos los días cuando la preocupación golpea la puerta de mi corazón me recuerdo: *"Débora, Dios te ama, Dios te ama, Dios te ama".* Hay días que lo repito más que otros, pero no importa cuantas veces me lo tenga que repetir y cantar a mí misma, he decidido confiar en Dios y refugiarme en su amor.

¿Te puedes imaginar a Daniel en el foso de los leones? ¿Te lo puedes imaginar preocupado? Yo me lo imagino danzando y alabando a Dios. Podemos ver su actitud desde el principio de la historia. En Daniel 6:10 dice: *"Cuando Daniel supo que el edicto había sido firmado, entro en su casa, y abiertas las ventanas de su cámara que daban hacia Jerusalén, se arrodillaba tres veces al día y oraba y daba gracias delante de su Dios, como lo solía hacia hacer antes".* Daniel sabía que iba a ser echado a un foso de leones si oraba a su Dios y aun así lo hizo con las ventanas abiertas, ¡no me lo puedo imaginar preocupado! Daniel continúo orando como siempre ¡no le importo! Su actitud me demuestra convicción, seguridad, coraje... Un hombre que realmente confiaba en Dios. Un hombre atrevido, celoso por su Dios. Alguien que frente a la aflicción no se preocupó, sino confió.

"Entonces el rey mandó, y trajeron a Daniel, y le echaron en el foso de los leones. Y el rey dijo a Daniel: El Dios tuyo, a quien tú continuamente sirves, él te libre". Daniel 6:16

¿Cuántas veces inconscientemente hemos pensado que por creer en Dios y confiar en Él estamos excluidas de pruebas? Pero no es así. Daniel fue "echado" al foso de los leones, no por hacer lo incorrecto, sino por hacer lo correcto ante Dios. Nuestra confianza en Dios será probada en tiempos de aflicción. En los días buenos cualquiera dice confiar en Dios, es en el día malo que nuestra fe es realmente probada como el oro. Si te encuentras en un momento difícil por creer en Dios y por obedecerle, no dejes de confiar en Él, estas a punto de ver a Dios defenderte. *"Mi Dios envío su ángel, el cual cerro la boca de los leones, para que no me hiciesen daño, porque ante el fui hallado inocente; y aun delante de ti, oh rey, yo no he hecho nada malo. Entonces se alegró el rey en gran manera a causa de él, y mando a sacar a Daniel del foso; y fue Daniel sacado del foso, y ninguna lesión se halló en él, porque había confiado en su Dios"* (Daniel 6:22-23). La gran diferencia entre Daniel y cualquier otro hombre en el foso de los leones, era que Daniel confiaba realmente en Dios. Él podía orar, adorar todas las veces que quisiera, danzar muy bonito, pero lo que le cerro la boca a los leones no fue su oración, sus cantos o su danza, fue su confianza en el Dios a quien Él servía. ¿Me explico? De nada nos sirve aparentar que creemos en Dios, si no confiamos plenamente en Él (Malaquías 3:18). Me sorprende escuchar cristianos declarar derrota en medio de sus crisis, dudan que Dios pueda hacer algo a su favor, hasta cuestionan si Dios está con ellos... Me pregunto, ¿qué pasó? Ayer adoraban a Dios tan bonito, danzaban y gritaban con júbilo, hacían oraciones tan espirituales... ¿Qué pasó? Nunca dejes de creer en Dios.

Cuando la confianza en Dios está presente,
la preocupación está ausente.
Cuando la preocupación está presente,
la confianza en Dios está ausente.

Tres Jóvenes Valientes
Daniel tenía tres amigos judíos y ellos también fueron probados en su fe. *"Hay unos varones judíos, los cuales pusiste sobre los negocios de la provincia de Babilonia; Sadrac, Mesac y Abed-nego; estos varones, oh rey no te han respetado; no adoran tus dioses, ni adoran la estatua de oro que has levantado... Sadrac, Mesac y Abed-nego respondieron al rey Nabucodonosor, diciendo: No es necesario que te respondamos sobre este asunto. He aquí nuestro Dios a quien servimos puede librarnos del horno de fuego ardiendo; y de tu mano, oh rey, nos librara. Y si no, sepas, oh rey, que no serviremos a tu dioses, ni tampoco adoraremos la estatua que has levantado"* (Daniel 3:12-18). ¡Estos muchachos si que están seguros! Hablarle al rey con esa autoridad y firmeza... ¿Te los puedes imaginar preocupados con esa confesión? En Daniel 3:21 dice: *"Entonces estos varones fueron atados con sus mantos, sus calzas, sus turbantes y sus vestidos, y fueron echados dentro del horno de fuego ardiendo".* ¿Fueron echados al horno? ¿Cómo? ¿Puede Dios permitir tal acontecimiento? ¡El fuego tendría que haberse apagado! ¿Por qué permitió Dios que fueran echados al horno de fuego? ¿No has pensado

alguna vez, si Dios realmente está conmigo no estaría en esta prueba? Pero no nos damos cuenta que en medio de la prueba seguimos vivos y eso es evidencia que Dios está con nosotros. Mi madre una vez dijo: *"Hay gente que cuestiona si Dios estaba con ellos en medio de la prueba tan difícil que tuvieron que pasar, e ignoran que si Dios no hubiera estado con ellos no estarían vivos hoy... no hubieran sobrevivido si Él no hubiera estado".* Tienes que agradecerle a Dios diariamente, porque aunque no lo veas físicamente, Él está contigo.

"Y estos tres varones, Sadrac, Mesac y Abed-nego, cayeron atados dentro del horno de fuego ardiendo. Entonces el rey Nabucodonosor se espantó, y se levantó apresuradamente y dijo a los de su consejo: ¿No echaron a tres varones atados dentro del fuego? Ellos respondieron al rey: Es verdad, oh rey. Y él dijo: He aquí yo veo cuatro varones sueltos, que se pasean en medio del fuego sin sufrir ningún daño; y el aspecto del cuarto es semejante a hijo de los dioses. Entonces Nabucodonosor se acercó a la puerta del horno del fuego ardiendo, y dijo: Sadrac, Mesac y Abed-nego salieron de en medio del fuego. Y se juntaron los sátrapas, los gobernadores, los capitanes y los consejeros del rey, para mirar a estos varones, como el fuego no había tenido poder alguno sobre sus cuerpos, ni aun el cabello de sus cabezas se había quemado; sus ropas estaban intactas, y ni siquiera olor de fuego tenían".
Daniel 3:23-28

Conocerán del Dios a quien tú sirves no por la manera que entres a una prueba, sino por la manera que salgas de una prueba; la gente dirá: *"Dios definitivamente está contigo".* Cuando el oro es refinado entra al fuego junto a todas las impurezas que hay en el y sale sólo el oro puro, las impurezas quedan en el fuego. Sólo lo verdadero permanece. Nuestra fe tiene que ser refinada y debo saber que cuando entre en el fuego saldré con una fe más pura. *"Entonces Nabucodonosor dijo: Bendito sea el Dios de ellos, de Sadrac, Mesac y Abed-nego, que envío su ángel y libro a sus siervos que confiaron en él, y que no cumplieron el edicto del rey, y entregaron sus cuerpos antes que servir y adorar a otro dios que su Dios"* (Daniel 3:28).

¿Puedes ver el denominador común en ambas historias, la de Daniel y la de estos tres jóvenes? *"Confiaron en Dios"*. No sólo servían a Dios, no sólo adoraban a Dios, no sólo oraban a Dios… Eso se puede imitar (aun lo puedes hacer con incredulidad), pero confiar en Dios sólo pueden aquellos que realmente le conocen. Es muy importante que te rodees de esta clase de amigos. Amigos que crean y confíen en Dios plenamente ¡muy importante! Ellos te animaran a seguir creyendo en el día malo y te recordaran las promesas de Dios para tu vida y tu familia (los amigos negativos no te animaran a creer).

En Santiago 1:2 dice: *"Hermanos míos, tened por sumo gozo cuando halléis en diversas pruebas"*. ¿Cómo tener gozo en las pruebas? Yo no podía entender lo que Santiago quería decir, hasta que el Espíritu Santo trajo revelación a mi vida. He aprendido que la prueba comprueba si mi confianza en Dios es genuina o no (2 Timoteo 1:5). Necesito saber si es verdad que confió en Dios plenamente y que no es sólo una frase que aprendí de mis padres. ¿Y si la prueba revela que no tienes confianza en Él? No hay ningún problema. ¡De seguro tendrás otra oportunidad! Lo bueno es que la prueba reveló la verdad, hoy puedes aprender a confiar en Él sino confiabas. Si la prueba no lo hubiera revelado, ¿cómo lo hubieras sabido? Qué triste sería si el día que este frente a Jesús, Él me diga *"nunca confiaste en mi"* (2 Crónicas 6:30). Hoy quiero saber si realmente confío en Dios o si son solo palabras bonitas de una canción.

La palabra dice *"engañoso es el corazón del hombre"*. En otras palabras, puedo pensar que confío, puede ser una apariencia, pero sólo en el día de aflicción sabré en realidad en quien confío. *"Acercaos a Dios, y Él se acercara a vosotros"* (Santiago 4:8). *"Si se humillare mi pueblo, sobre el cual mi nombre es invocado, y oraren, y buscaren mi rostro, y se convirtieren de sus malos caminos; entonces yo oiré desde los cielos, y perdonare sus pecados, y sanare su tierra"* (2 Crónicas 7:14). *"Buscad a Jehová mientras pueda ser hallado, llamadle en tanto que está cercano"* (Isaías 55:6). El salmista David, el hombre quien Dios dijo que era conforme a su corazón, continuamente vivía pidiéndole a Dios que escudriñara su corazón y le hiciera saber si algo malo había en él. ¿Para qué? ¿Para avergonzarse? ¿Para culparse? ¡No! ¡Para quitarlo! David deseaba tener un corazón limpio.

"Pero no es posible agradar a Dios sin tener fe, porque para acercarse a Dios, uno tiene que creer que existe y que recompensa a los que lo buscan". Hebreos 11:6 DHH

Confío En Ti
Antes, frente a cualquier aflicción lo primero que pensaba era: *"¡Dios parece que Tú no estás conmigo! ¿Que hice? ¿Por qué me dejaste sola?"*. No tenía paciencia, ni experiencia y menos esperanza. En Isaías 43:2 dice: *"Cuando pases por la aguas, yo estaré contigo; y si por los ríos, no te anegaran. Cuando paces por el fuego, no te quemaras, ni la llama arderá en ti"*. Recuerdo años atrás, con mi esposo estábamos felices recién mudados en Houston, administrando una de las radios cristianas del ministerio de mis padres. Habíamos dejado todo por servir a Dios. Estaba con cinco meses de embarazo de nuestra primera niña y como te conté anteriormente, una noche comencé a tener unos dolores fuertísimos en mi abdomen. Nunca antes me había ocurrido algo así.

Fuimos de emergencia al hospital y los doctores comenzaron hacerme exámenes. Encontraron que tenía piedras en mi vesícula y me dijeron que debían operarme de emergencia. No podía entender como me operarían si estaba embarazada de cinco meses. Me quedé esa noche en el hospital y comenzó un silencio en mi corazón, era como estar caminando sola en un túnel sin luz. No entendía, no sabía explicar lo que me estaba sucediendo.

Nunca antes había estado en un hospital, y ahora me encontraba sola con mi bebé, ambas en peligro. Dure varias horas sin hablar con Dios. Ni siquiera lo busque, estaba ofendida, creía que Él me había dejado sola con mi bebé. Al siguiente día, llegó mi hermana Luciana al hospital a visitarme (ella siempre tiene una canción en sus labios) y ella traía un CD de Danny Berríos. Comencé a escuchar la canción con mis ojos cerrados y lágrimas comenzaron a correr por mis mejillas, la letra decía: *"Cuando estés frente al mar y lo tengas que atravesar llama a ese hombre con fe sólo el abre el mar, hermano no tengas temor si detrás viene el faraón al otro lado tú pasaras y ahí tú vas a entonar el himno de victoria".* Esa tarde Dios me recordó que no estaba sola. Lo que estaba atravesando era sólo una aflicción, pero que confiara en Él, que Él estaba conmigo y no me dejaría jamás.

"En ti confían los que conocen tu nombre, porque tú,
Señor, jamás abandonas a los que te buscan". Salmos 9:10 NVI

Hasta el día de hoy, nunca más guardé silencio con Dios. Con esa experiencia aprendí que no importa por lo que pase, Él nunca me dejará en la aflicción, ¡siempre saldré victoriosa! En esa oportunidad pude conocer más a Dios y desde ese día comenzaron experiencias inolvidables con Él. Ahora, cuando digo "confío en Dios", sé que es más que una linda confesión, es más que una frase en mi canción, es una realidad en mi vida, porque cuando pasé por las aguas, Él cruzó conmigo al otro lado. No hay duda en mí, pase lo que pase... ¡Confío en ti, no me soltaras!

(Canción)
Confío en ti, confío en ti...
En medio de cualquier tempestad.
Descanso en ti, descanso en ti...
No importa lo que pueda pasar.
Porque te he conocido y he aprendido
que no fallas, nunca fallas...
Confío en ti, Descanso en ti...
Sé que vendrás por mi...
No me dejarás...
No importa lo oscuro que esté
o lo profundo que me encuentre...
Confió en ti...

Jesús Calma La Tormenta
Un día subió Jesús con sus discípulos a una barca. *"Crucemos al otro lado del lago" les dijo. Así que partieron, y mientras navegaban, él se durmió. Entonces se desató una tormenta sobre el lago, de modo que la barca comenzó a inundarse y corrían gran peligro. Los discípulos fueron a despertarlo. "¡Maestro, Maestro, nos vamos a ahogar!" gritaron. Él se levantó y reprendió al viento y a las olas; la tormenta se apaciguó y todo quedó tranquilo. "¿Dónde está la fe de ustedes?" les dijo a sus discípulos. Con temor y asombro ellos se decían unos a otros: "¿Quién es éste, que manda aun a los vientos y al agua, y le obedecen?"* (Lucas 8:22-25 NVI). Los discípulos se preocuparon por la gran

tempestad que amenazaba. *¿Se olvidaron que estaba Jesús con ellos?* Fíjate como Jesús les respondió a su preocupación, preguntándoles donde estaba su fe. No puedes tener fe y preocuparte a la misma vez. ¿Confías o no confías? ¿Te has preocupado alguna vez? Por su puesto, todas hemos dudado en alguna ocasión. Entonces, ¿cómo podemos evitar dudar otra vez de Dios? Creo que aprendiendo de nuestras experiencias pasadas, ¡cómo Dios estuvo ayer estará hoy! Otra pregunta, ¿te has preocupado por algo que nunca ocurrió? Que mal momento pasa uno cuando la preocupación te quita el sueño, la paz, la alegría y luego nada de lo que tú temiste ocurre. Siempre recuerda estos principios y podrás prevenir esos momentos "infelices".

Primero: Considera si es verdad por lo que te estás preocupando, no te lleves por lo que le pareció a tu amiga, ni por lo que dice la vecina que escuchó. Averigua por ti misma la verdad de su propia fuente, sino podrías estar preocupándote y lamentándote por algo que no es totalmente verídico. Está comprobado de que un gran porcentaje de nuestras preocupaciones son sólo imaginarias. Lo más triste de esta situación es que tomarás decisiones permanentes basadas en algo que nunca ocurrió. No tomes decisiones sin tener todas las pruebas en tus manos y una clara imagen en quien tú confías.

Segundo: Una vez que verifiques que es verdad, no hay nada malo en que llores, en que quieras estar sola por un momento, en que no tengas ganas de reír y sientas tristeza, pero recuerda Eclesiastés 3 dice: *"Todo tiene su tiempo".* Recuerda la historia de la muerte de Lázaro en la Biblia. Cuando Jesús escuchó a Marta y a María reprocharle por qué no había venido antes (ellas creían que era demasiado tarde, ya Lázaro había muerto), la Biblia dice que *"Jesús lloró".* Jesús lloró cuando se encontró con la realidad. Marta y María estaban pasando por un momento muy difícil y eso entristeció su corazón. Cuando se termine una relación, cuando el médico te dé un diagnóstico de enfermedad o cuando el problema se haga más grande, no podrás evitar sentir tristeza en tu corazón. Pero depende de ti cuanto tiempo estarás triste. Si le permites a la tristeza controlar tus pensamientos comenzarás a sentir incertidumbre. ¿Y ahora qué hago? ¿A dónde voy a ir? ¿Quién me va ayudar? ¿Me quedaré sola? Segundos después esos pensamientos de incertidumbre se convertirán en preocupación, y el preocuparte afectará tu actitud, tus emociones y aun tu salud. ¿Qué beneficios tiene preocuparse? No permitas que una aflicción se convierta en una gran pesadilla. Cuando comiences a sentir tristeza, lo primero que tienes que hacer es comenzar a meditar en el amor de Dios: *"Dios está conmigo. Él nunca me dejará. Yo soy bendecida. Dios es mi sanador. Dios pelea por mí y me defiende. Dios es mi proveedor"*. Repite sus promesas una y otra vez de día y de noche, y verás que la paz de Dios estará en ti y la preocupación no podrá contigo. *"Todo lo que es verdadero, todo lo honesto, todo lo justo, todo lo puro, todo lo amable, todo lo que es de buen nombre; si hay virtud alguna, si algo digno de alabanza, en esto pensad. Lo que aprendisteis y recibisteis y oísteis y visteis en mí, esto haced; y el Dios de paz estará con vosotros"* (Filipenses 4:8-9). Es mi responsabilidad filtrar mis pensamientos por la palabra de Dios, para que la paz de Dios esté conmigo.

"Aunque mi padre y mi madre me dejaran, con todo,
Jehová me recogerá". Salmos 27:10

Padre y madre representan amor, identidad, seguridad, protección, provisión, confianza y estoy convencida que Dios se encargará de mi si cualquiera de estas cosas me faltaran... ¿Te identificas? Cada persona tiene su propia historia y estoy segura que ninguna de ellas ha sido perfecta. A todos nos ha faltado algo en el transcurso de nuestra vida, quizás a unos más que otros, pero nuestra esperanza está en su palabra. Dios dijo que Él nos recogería con todo. ¡Confía en Dios! *"En el mundo tendréis aflicción; pero confiad yo he vencido el mundo"* (Juan 16:33).

Hay dos días de la semana sobre los cuales no vale la pena preocuparse. Dos días que podemos mantener libres de cualquier temor o ansiedad. Uno de esos dos días es AYER, con sus errores y preocupaciones, con sus fallas y sus desatinos, con sus dolores y quebrantos. AYER ha pasado a ser algo fuera de nuestro control. Ni con todo el dinero del mundo podemos traer de vuelta el AYER. No podemos cambiar absolutamente ninguna acción que haya acontecido AYER. No podemos borrar ni tan siquiera una palabra que hayamos dicho. AYER se ha ido para siempre.
El otro día sobre el cual no deberíamos preocuparnos demasiado es MAÑANA, puesto que se encuentra fuera de nuestro control inmediato. MAÑANA el sol saldrá, ya sea en medio del esplendor de un cielo azul, o tras la máscara de un día nublado. No obstante, saldrá.
Pero hasta tanto no lo haga, no habremos empezado nuestro MAÑANA. Esto deja solamente un día: HOY.
Todos podemos pelear batallas de un solo día.
Sin embargo, cuando cargamos a nuestro HOY con el peso de esas otras eternidades- el AYER y el MAÑANA - es que sucumbimos.
Aprendamos entonces a vivir un día a la vez.
Anónimo.

El Elefante y La Hormiguita
Había una vez una hormiguita que molestaba al elefante de la selva. El elefante se sentía triste y apenado cada vez que se encontraba con la hormiguita. Un día el elefante se volvió a encontrar con la hormiguita y

la hormiguita le dijo: *"Elefante, tú eres feo, tus orejas son grandes"*. El elefante le contesto: *"Yo no soy feo, mis orejas son grandes para escuchar mejor"*. La hormiguita dijo: *"Elefante, tú eres feo, tu trompa es larga"*, el elefante le volvió a contestar: *"Yo no soy feo, mi trompa es larga para comer mejor"*. La hormiguita le volvió a molestar diciendo: *"Elefante, tú eres feo, tus patas son grandes"*, el elefante respondió: *"Yo no soy feo, mis patas son grandes para pisar mejor"* y la hormiguita no le volvió a molestar más. ¿Qué le ocurrió a la hormiguita?

En la madrugada escucho a mi hijo Kenny llorar desde su cuarto, fui a él y me dijo que tenía miedo, seguro se había despertado de algún mal sueño. La noche anterior había ministrado en la iglesia sobre la autoridad que tenemos como hijos de Dios y venía a mi mente este pasaje en Efesios 1:22, *"...sometió todas las cosas bajo sus pies..."*. Lo abracé a Kenny fuerte y oré a Dios en voz alta, le agradecí por estar con nosotros siempre, por su amor, por ser nuestro Padre y luego el Espíritu Santo puso en mi mente la inspiración para esta historia, *"El elefante y la hormiguita"*. Sé que mi hijo es un niño y su mente no entiende todavía el mundo espiritual, quería hablarle a su alma sin que él se asustara. Cuando terminé de contar la historia le pregunte a Kenny, *"¿qué le paso a la hormiguita?"*. "No se mamá" me contestó. Le dije: *"El elefante la aplasto, porque no va a permitir que la hormiguita lo moleste todo el día"*. *"Ahora, ¿sabes quién tu eres? ¡El elefante!"* respondí con firmeza. Me miró sorprendido con sus ojitos casi cerrados. Entonces le expliqué: *"Jesús te ha dado la autoridad para pisar todo lo que te moleste. Jesús te ha dado poder, tú eres grande y eres fuerte... Si algún pensamiento o pesadilla te quiere molestar ¡aplástalo!"*. Lo abracé a Kenny esa madrugada hasta que se durmió, al ratito estaba riendo a carcajadas dormido (seguro estaba matando hormiguitas), se le fue el miedo y durmió tranquilo toda la noche.

"No ceso de dar gracias por vosotros, haciendo memoria de vosotros en mis oraciones, para que el Dios de nuestro Señor Jesucristo, el Padre de Gloria, os de espíritu de sabiduría y de revelación en el conocimiento de él, alumbrando los ojos de nuestro entendimiento, para que sepáis cual es la esperanza a que él nos ha llamado, y cuales las riquezas en gloria de su herencia en los santos, y cual la supereminente grandeza de su poder para con nosotros los que creemos, según la operación del poder de su fuerza, la cual opero en Cristo, resucitándole de los muertos y sentándole a su diestra en los lugares celestiales, sobre todo principado y autoridad y poder y señorío, y sobre todo nombre que se nombra, no solo en este siglo, sino también en el venidero; y sometió todas las cosas <u>bajo sus pies</u>, y lo dio por cabeza sobre todas las cosas a la iglesia, la cual es su cuerpo, la plenitud de Aquel que todo lo llena en todo".
Efesios 1:15-23

El Apóstol Pablo le escribe a la Iglesia de Éfeso y les hace saber cuál es su ruego a Dios por ellos. Primero, *que conozcan a Dios, que tengan una relación con Él, que lo conozcan por ellos mismos.* Es mucho más fácil creer y confiar en alguien que uno conoce personalmente, que en una persona que nos han contado. Hay gente en todo el mundo que le cuesta creer en Dios plenamente porque no le conocen. Recuerda que cuando hablamos de "conocer", no estamos hablando solamente de estudiar quien Él es, sino de pasar tiempo con Él, hablar con Él, caminar con Él... Necesitamos nuestro tiempo a solas con Dios.

Segundo, el Apóstol Pablo les dice, *oro para que Dios les revele y les de entendimiento de cuál es su propósito en la vida, su llamado específico a cada uno.* Todos tenemos un propósito en la vida. ¿Cómo estoy tan segura que hay un propósito con tu vida? Porque Él lo dice en su palabra,

Él es un Dios de propósito. Mira la creación, todo lo que Dios creó sea pequeño o grande todo tiene un propósito. ¿Qué hacer si todavía no has encontrado tu propósito? No te afanes, continua creciendo en una relación íntima con Dios, nuestro propósito en la vida es amarle y servirle; mientras le sirves con tu tiempo, tus dones, tus acciones y tus palabras estarás cumpliendo tu propósito. Luego Dios te mostrará un propósito único que Él ha depositado dentro de ti, algo original como tú, nadie más puede hacer lo que tú fuiste llamada hacer, pídele a Dios que Él te lo revele y en el tiempo justo Él lo hará. Nunca olvides antes de querer saber quién eres, conoce quien es Dios, y cuando conozcas quien es Él, encontrarás quien tú eres y cual es tu propósito en la vida. No dependas de las profecías para que te revelen tu propósito. El Espíritu Santo es quien te mostrará lo que Dios tiene para ti en tu intimidad con Él. En el antiguo testamento, antes de Cristo, el Espíritu Santo sólo estaba sobre los reyes, sacerdotes y profetas. Después de Cristo, el Espíritu Santo vino a estar dentro de todos aquellos que quieran recibirle (Lucas 11:13). Honramos y respetamos a los hombres y mujeres de Dios pero no te acostumbres a vivir de su comunión con Dios, tú tienes que tener la tuya propia. Tienes que conocer la voz de Dios. Como señal que fue Dios quien te habló, muchas veces Él enviara a un profeta justo a tiempo para confirmar lo que Él ya te habló en privado.

¡Qué hermoso es cuando Dios nos habla!

Tercero, el Apóstol Pablo les dice, oro para que Dios les revele y les de entendimiento de *"cual es la supereminente grandeza de su poder para con nosotros los que creemos"*. Hay un poder que se nos ha otoñado, una autoridad, *"la cual opero en Cristo, resucitándole de los muertos y sentándole a su diestra en los lugares celestiales, sobre todo principado y autoridad y poder"*. No permitas más que el enemigo te moleste con pensamientos de temor y de incredulidad. Dios está contigo, Dios te ama, Dios no soltara tu mano, pasaras al otro lado y tendrás victoria... ¡Se libre de toda preocupación que te agobia ahora mismo en el Nombre de Jesús!

DECIDE IGNORAR A TUS ENEMIGOS

Un día le dije a Dios, "mientras más te conozco, más aprendo que eres un Dios de amor, que siempre estás dispuesto a darme más, tus bendiciones son innumerables para mí y quiero más. Quiero ver lo sobrenatural. Tú prometiste en tu palabra que íbamos a ver cosas que ojo no vio, ni oído escucho". La Biblia dice que señales milagrosas seguirán a los que creen (Marcos 16:17). Día tras día era mi única petición a Dios. Parecía esa niña que le pide a su padre que le saque las rueditas de seguridad a su bicicleta para poder ir más rápido y sentir que está volando. "Yo sé que hay más, yo sé, tu palabra lo dice…" le dije. Este versículo estaba en mi mente: *"He aquí, yo hago pacto delante de todo tu pueblo; haré maravillas que no han sido hechas en toda la tierra, ni en nación alguna, y verá todo el pueblo en medio del cual estás tú, la obra de Jehová; porque será cosa tremenda la que yo haré contigo"* (Éxodo 34:10). Quiero que me enseñes a volar más alto. ¿Qué tengo que hacer? Después de un tiempo Él respondió a mi pregunta, la palabra dice: *"Clama a mí, y yo te responderé, y te enseñare cosas grandes y ocultas que tu no conoces"* (Jeremías 33:3).

Dios siempre nos responde y nos enseña cuando queremos aprender. Fue entonces cuando comenzó un nuevo capítulo en mi vida. La lección más importante que aprendería hasta el momento, *"tengo que ignorar a mis enemigos"*. ¿Enemigos? ¿Qué enemigos? Hay enemigos que tendrás que enfrentar para poder experimentar lo sobrenatural. ¡Cuidadito! No estoy hablando de la vecina que habla mal de ti, ni de tu jefe… ni de esa persona que siempre te mira mal. Estoy hablando de "tus sentimientos".

¡Si! Tus sentimientos pueden convertirse en tus enemigos cuando decidas creerle a Dios por sus promesas. El Espíritu Santo me explico así, "estas acostumbrada a creer más en ellos que en mi... Yo nunca te he limitado, tú te limitas cuando dejas de creer en mí y me limitas a mí obrar cuando te dejas gobernar por el temor que provocan en ti tus sentimientos". Nuestra mente natural siempre quiere filtrar y entender lo sobrenatural de Dios y como no puede nos limita.

Hay un dicho que dice "ojos que no ve, corazón que no siente". Nuestros sentimientos toman existencia cuando percibimos por medio de un sentido. Puede haber una serpiente venenosa al lado nuestro y no nos sentiremos amenazadas hasta el momento que la vemos. El sentimiento de temor viene por un sentido común y natural de sobrevivencia. Tú conoces los cinco sentidos: vista, olfato, gusto, oír y tacto. Estos cinco sentidos los necesitaras para vivir, no llegaras muy legos sin ellos. Dios los puso en nosotras para podernos darnos cuenta del peligro, para guiarnos, para poder estar seguras, desde que éramos bebes los hemos tenido. Estamos tan acostumbradas a ellos que referente a lo espiritual también tratamos de usarlos como guía o seguridad, y nos cuesta entender que en lo espiritual no les necesitamos y no deberíamos ni siquiera tenerles en cuenta. Te explico, la palabra de Dios dice: *"Mas el justo por fe vivirá"* (Hebreos 10:38). La palabra no dice que necesitas ver, olfatear, saborear, escuchar o tocar en lo natural para obtener lo espiritual, estos son sentidos naturales que necesita el hombre natural y no el hombre espiritual. Ahora, el hombre espiritual solo necesita FE. *"Es, pues, la fe la certeza de lo que se espera, la convicción de que no se ve"* (Hebreos 11:1). La fe no necesita ver en lo natural para creer. Ahora, de la misma manera que tú naciste con cinco sentidos, la Biblia dice que Dios te ha dado a ti una medida de fe y tú puedes alimentar esa fe y hacerla crecer por medio de la palabra de Dios (Romanos 10:17).

Conocemos que necesitamos los cinco sentidos naturales en nuestro diario vivir, pero ignoramos el único gran sentido espiritual que necesitamos en nuestro caminar con Dios. Hebreos 11:6 dice: *"Sin fe es imposible agradar a Dios, porque es necesario que el que se acerca a Dios crea que le hay, y que es galardonador de los que le buscan"*. Si te es difícil vivir sin tus cinco sentidos naturales, también te será difícil vivir lo sobrenatural sin fe. La fe es el único sentido que necesitas para vivir una vida espiritual abundante.

Recientemente leí la historia de un pueblo que estaba pasando por una larga sequía. Los campesinos estaban preocupados ante la situación crítica y fueron a ver al pastor y le dijeron: "Pastor, si Dios es tan poderoso pidámosle que envíe lluvia". El pastor dijo: "Está bien, le pediremos a Dios, pero es necesaria una condición indispensable". "¡Díganos cual es!" respondieron todos. "Hay que pedírselo con fe, con mucha fe" contesto el pastor. "¡Así lo haremos!" dijeron muy seguros. Los campesinos comenzaron a ir a las reuniones todos los días, pero las semanas transcurrían y la esperada lluvia no se hacía presente. Un día, fueron todos a enfrentar al pastor y a reclamarle, "Pastor, usted nos dijo que si le pedíamos con fe a Dios que enviara la lluvia, Él accedería a nuestras peticiones. Pero luego de varias semanas no obtenemos respuesta alguna". "¿Han ustedes pedido con fe verdadera?" les pregunto el pastor. "¡Si, por supuesto!" respondieron todos. "Entonces, si dicen haber pedido con fe verdadera, ¿por qué durante todos estos días ni uno solo de ustedes ha traído el paraguas?" contesto el Pastor. Porque *"Es, pues, la fe la certeza de lo que se espera, la convicción de que no se ve"* (Hebreos 11:1).

Esto es lo que aprendí: *Tienes que aprender a no dejarte afectar por lo que sientes, por lo que percibes con tus sentidos naturales para poder acercarte aún más a Dios y recibir todo lo que Él tiene para ti. Procura siempre que su palabra sea tan viva en ti que seas inmune a tus sentimientos naturales y solo creas su palabra.* Acuérdate la palabra de Dios dice, *"Diga el débil: Fuerte soy"* (Joel 3:10). Hay veces que hasta la debilidad que sentimos la producimos nosotras mismas. Te ves un poco pálida, no tienes ganas de hacer nada y dices: "Me siento débil, seguro estoy enferma". Escuchas el diagnóstico del médico y automáticamente comienzas a sentir síntomas. Una vez una mujer vino a mí pidiendo oración, me comentó, "yo me sentía muy bien, fui al doctor para una visita regular, y él me dio un diagnóstico de una enfermedad en mi cuerpo y desde entonces me he sentido muy mal". ¿Por qué sucede esto? Porque tenemos la tendencia de creer más en lo que vemos, lo que oímos, lo que tocamos, lo que sentimos. Usualmente le damos más importancia a un diagnostico o a una opinión de un profesional que aprendió algo de ciencias, en vez de al Dios del universo que creo la ciencia. Por supuesto que hay que escuchar a los médicos y seguir sus instrucciones (ellos también son usados por Dios para mejorar nuestra salud), pero con todo respeto la primera y última palabra la tendrá siempre mi creador *"Dios"*. ¿Qué dice la palabra de Dios? *"El me da fuerzas como las del búfalo..."* (Salmos 92:10). *"Largura de días..."* (Proverbios 3:2). *"Y por sus llagas fui sana..."* (Isaías 53:5). *"Mi palabra es vida y es espíritu"* dijo Jesús en Juan 6:63. La palabra de Dios tiene el poder de convertir ese sentimiento de debilidad en fortaleza. La enfermedad en sanidad. La tristeza en alegría. Ahora, *"un sentimiento nunca podrá cambiar la palabra de Dios"* pero siempre la palabra de Dios que es *"vida eterna"* tiene el poder creativo para cambiar tus sentimientos y cualquier circunstancia en tu vida (Juan 6:68).

El otro día tenía un dolor de cabeza fuertísimo, no lo podía soportar (comenzó luego de comer algo que a mi estómago no le agrado). Me acosté, me puse un trapito frio, pero el dolor seguía intenso. No me gusta tomar medicina, pero este dolor en unos minutos me hizo olvidar todo lo que pienso. Entonces comencé a buscar en mi casa pastillas para el dolor pero no puede encontrar y ahora me sentía aún más desesperada. Sabía que me esperaba aguantar el dolor por varias horas hasta que mi estómago se compusiera. Me volví acostar y comencé a recordar todos los milagros de sanidad que Dios había hecho en esos últimos días, me acorde de la hermana que Dios sano de cáncer, otra que sano de diabetes, y muchos más testimonios… fue entonces cuando clame a Dios y le pedí que me sanara, le dije firmemente "yo sé que tú quieres sanarme y yo sé que tú puedes sanarme, yo tengo fe en ti". A los segundos de hacer esa oración el dolor continuaba tan fuerte que comencé a pensar "mi oración no funciono". Al instante Dios me hablo por medio de un pensamiento ¿si hubieras tomado la pastilla para el dolor estarías tan ansiosa como estas ahora o estarías más tranquila esperando que la pastilla te haga efecto? Bueno, es verdad… usualmente después de tomarme la pastilla espero unos minutos para que se me vaya el dolor. Dios me enseño esa tarde, "tienes más fe que te sane una pastilla a que Yo te sane". Porque la fe es la certeza de lo que se "espera". *"Es, pues, la fe la certeza de lo que se espera, la convicción de que no se ve"* (Hebreos 11:1). En ese momento me di cuenta que no había orado con fe, porque si hubiera orado con fe estaría "esperando" mi sanidad en vez de estar pensando porque no me sane al instante que ore. Le pedí perdón a Dios por dudar de Él y comencé a agradecerle por mi sanidad. ¡Gracias Jesús por sanarme! ¡Gracias Jesús! ¡Gracias! Decidí esperar pacientemente por mi sanidad. No pasaron más de dos o tres minutos que me quede profundamente dormida y cuando desperté no tenía ningún dolor de cabeza y me sentía muy bien del estómago ¡estaba completamente sana! Que gran lección aprendí ese día, si realmente tengo fe en Dios esperaré confiadamente en Él.

La Mujer del Flujo de Sangre

En Marcos 5:25 al 32 puedes leer la historia de una mujer que hacía doce años estaba enferma con derrames de sangre. Había sufrido mucho a manos de muchos médicos y había gastado todo lo que tenía, sin que le hubiera servido de nada. Al contrario, iba de mal en peor. Cuando escucho hablar de Jesús ella dijo en su corazón, *"Si tocare su manto sanare"*. Hace un tiempo escuche a Benny Hinn explicar porque la mujer quería tocar el borde de su manto, ella conocía las escrituras. El profeta Malaquías había profetizado que el Mesías traería sanidad en sus alas, otra palabra para "alas" son los flecos del manto de oración que usan los judíos (Malaquías 4:2 y Números 15:38). Humanamente no tenía razonamiento lo que pensaba hacer ¿ser sana por solo tocar los flecos de un manto? ¿Cómo? Pero a ella no le importo si hacia sentido o no, solo tuvo fe, creyó que Jesús era el Mesías, el hijo de Dios y que Él tenía el poder para sanarle. Me puedo imaginar sus sentidos naturales hablándole, la mujer seguro estaba temblando, hasta sudando frío por los nervios, podría desmayar o caer muerta en el intento (la ley no le permitía acercarse a la gente por su enfermedad "era impura" podía ser apedreada). Más ella decidió caminar en fe e hizo todo lo posible para acercarse a Jesús en medio de una gran multitud. Cuando llega a Jesús y toca su manto Él responde: "¿Quién me ha tocado? Sentí que virtud salió de mi". Esta mujer nuevamente actúa en fe y responde, "maestro yo fui". Jesús la mira y le dice: *"Mujer, tu fe te ha sanado"*. Quizás hoy estés pasando por un dolor, una enfermedad o un malestar, no sé lo que estés sintiendo, solo sé que Jesús puede y quiere sanarte. *¡Solo tienes que creer en su palabra y actuar fe! ¡Ahora mismo se sana en el nombre de Jesús!*

Cree Solamente

La segunda historia en Marcos 5 es acerca de una niña que muere mientras el padre le estaba pidiendo a Jesús por su sanidad. Al escuchar la noticia Jesús le dice al padre, *"no temas, cree solamente"*. Cuando llegan a donde está la niña muerta, se encuentra con personas llorando y lamentando (personas emocionales), Jesús les pide que dejen de lamentar porque la niña no está muerta. Jesús dio una palabra de vida, pero en vez de ellos creer, ellos "vieron" a la niña en la condición que estaba y comenzaron a burlarse de Él. No entendían que para ver un milagro solo tenían que tener fe en Dios.

*"La fe es la certeza de lo que se espera,
la convicción, que no se ve". Hebreos 11:1*

No necesitamos ver, tocar o sentir para creer. ¡Sólo necesitamos fe en Dios! *Para el que cree, todo es posible* (Marcos 9:23). Es entonces que Jesús los echa del cuarto y solo permite al padre y a la madre estar presente, los demás no podían ver el milagro por su incredulidad.

Si realmente quieres ser feliz tendrás que aprender a ignorar a tus enemigos *"los sentimientos"* que te dicen: *"No puedes, es imposible, no intentes, nunca tendrás...".* En la Biblia puedo encontrar ciento de historias, que agradezco a Dios por habérmelas dejado como referencia. Estos hombres y mujeres de fe obtuvieron resultados sobrenaturales por poner su fe en Dios, aunque parecía imposible, irracional, ilógico en su momento. Como ejemplo podemos ver la historia de Noé, cuando Dios le pide hacer un arca, era una locura, nunca había llovido. ¿Qué hubiera sido si Noé si se hubiera dejado engañar por sus sentimientos? Él y toda su familia hubieran padecido. Yo creo que todos los días sus sentidos le mostraban lo irrazonable que era la orden de Dios, pero Él pudo obedecer a Dios por encima de todo lo que el sentía. También viene a mi mente la historia de la mujer sunamita que era estéril y Dios le dio un hijo (2 Reyes 4:8-37). Con el tiempo el pequeño enferma y cuando muere en sus brazos ella toma un actitud admirable, ella decide creer por un milagro. En vez de reclamarle a Dios, en vez de llorar amargamente al lado de su niño, en vez de salir corriendo en busca de consuelo, en vez de buscar donde va enterrar su hijo, ella hace algo sorprendente, ella acuesta a su pequeño en el cuarto que ella tenía en su casa para el profeta y cierra la puerta. Me llama la atención que ella "cierra la puerta" en otras palabras ella escondió a su hijo, no le dijo nada a nadie (porque nadie le podía ayudar con su imposible) y de prisa fue a buscar al profeta. Me puedo imaginar el dolor tan enorme que sentía, *¡que fe tan preciosa para creerle a Dios en medio de tanto sufrimiento!* Para hacerte la historia larga corta, el profeta viene a su casa, ora por el niño y el pequeño resucita. Su historia me enseña que mis sentimientos no pueden cambiar mi circunstancia, la lastima de la gente tampoco. Si realmente confió en Dios no puedo dejarme llevar por mis sentimientos de tristeza en momentos de aflicción. Si puedo dejar mi dolor a un lado y pararme firme en lo que creo y no en lo que siento, veré a Dios obrar a mi favor.

Dios tiene que ser tu primera opción y no tu último recurso.

Hace un tiempo atrás recibimos una noticia muy inesperada, mi hermana Luciana había dado a luz su cuarto hijo y el bebé recién nacido tenía que pasar por algunas operaciones para poder sobrevivir. El dolor que sentíamos era tan fuerte que no existen palabras para describirlo. Nunca habíamos experimentado una situación así. Recuerdo que con mi familia nos unimos en oración y comenzamos a declarar victoria en medio de nuestra tristeza. Exactamente como esperábamos, Dios se glorifico y obro milagrosamente en la vida de mi sobrino, hasta los médicos estaban sorprendidos con su rápida recuperación. Decidimos creerle a Dios y Él cambio nuestra tristeza en alegría (Salmos 30:11).

"Lo que cuenta es la fe, una fe activa por medio del amor".
Gálatas 5:6 (DHH)

El Chaleco Salvavidas

La pequeña Raquel escucho al predicador decir ¡tienes que tener fe en Dios y serás muy feliz! Cuando llego a su casa le pregunto a su padre, ¿qué es la fe en Dios? Con una sonrisa, su padre le respondió: "¿En verdad quieres saber lo que es la fe en Dios? Vamos a la playa y te lo enseñaré". Una vez que llegaron a la orilla del mar, el padre le entregó el chaleco salvavidas. "¡Yo no sé nadar papá!" sorprendida dijo la pequeña Raquel. "Lo sé", le dijo su padre, "póntelos de todas maneras". "Ahora, comienza a caminar hacia el mar de espaldas. Llegará un momento en el que sentirás que tus pies no tocan tierra. Déjate ir y arrójate de espaldas. No te hundirás, ya que el chaleco te hará flotar". Raquel tenía miedo, "No papi, no puedo". "¡Hazlo!" le respondió su padre, "Estaré junto a ti, no te dejare sola, tranquila". La pequeña Raquel confió en su papá. Mientras caminaba de espaldas llegó un momento en que ella sintió que no tocaba tierra, pero recordó las palabras de su papá. Cuando dio el siguiente paso ¡ya no tocaba tierra! Sin embargo, flotó en el mar gracias al chaleco. Se sintió emocionada ante la experiencia y muy feliz jugaba con su padre. Camino a casa, su papá le explico: *"En esto consiste la fe en Dios: el mar representa la vida. Yo represento a Dios y el chaleco representa la fe. Cuando te sientas insegura, no tengas miedo. Dios siempre estará cerca de ti y la Fe que tienes en Él nunca te permitirá hundir".* No se por lo que estés atravesando en este momento, solo te diré lo que sé, ¡Niña, no te quites el salvavidas!

Llegaste al final del cuarto capítulo, ¡Te felicito! En conclusión, la decisión más importante en tu vida para ser verdaderamente feliz es "amar a Dios". Pero nunca olvides esta gran verdad: *"El amor no consiste en que nosotras amemos a Dios sino en que Él nos amó primero"* (1 Juan 4:19). Nadie puede amar si antes no ha aceptado su amor. Necesitas experimentarle para poder amarle. Dios nos amó primero, fue Él quien quiso llegar a nosotras. Antes de que nosotras comenzáramos a buscarlo, Él ya nos había encontrado. Él tomó la iniciativa. *"No fuimos nosotras las que lo elegimos a Él. Él nos eligió primero"* (Juan 15:16). Déjate alcanzar por Él, ¡déjate abrazar por su gracia! Y te será bien fácil amarlo cuando estés en sus brazos. Lo único que Él te pide es que creas en Él y que confíes en su palabra... *¡y serás muy feliz!*

"¡Me sedujiste, Señor, y yo me dejé seducir!
Fuiste más fuerte que yo, y me venciste".
Jeremías 20:7

Segunda Parte
Amarte a Ti Misma

CAPITULO 5

Una Piedra Preciosa

"Antes que te formase en el vientre te conocí,
y antes que nacieses te santifiqué,
te di por profeta a las naciones".
Jeremías 1:5

Qué bueno sería si pudiéramos grabar todos nuestros pensamientos y todas nuestras palabras. ¡Que fea! ¡Que flaca! ¡Que gorda! ¡Que tonta! Sé que nos sorprendería la cantidad de cualidades y comentarios sin amor que nos decimos a nosotras mismas diariamente. ¿Sabías que la Biblia dice que tus palabras provienen de tu corazón? *"El hombre bueno, del buen tesoro de su corazón saca lo bueno; y el hombre malo, del mal tesoro de su corazón saca lo malo; porque de la abundancia del corazón habla la boca"* (Lucas 6:45). ¿Qué hay en nuestro corazón? ¿Por qué nos despreciamos? ¿Por qué nos rebajamos? ¿Por qué no nos amamos a nosotras mismas como deberíamos? ¿Si hablara nuestro espejo qué dijera? ¿Cuál sería su opinión de nosotras? ¿Qué nos decimos cuando nadie nos ve? El enemigo quiere que estemos insatisfechas con quienes somos, porque entonces comenzaremos a despreciarnos. Él sabe lo valiosas que somos para Dios y él hará todo lo posible para hacernos sentir inseguras, sin valor y sin propósito. Cuando te insultas, insultas a Dios. Su plan es que la creación odie a su perfecto creador y desconozca su valor. ¡No caigas en su trampa! ¡No te menosprecies! No permitas que el enemigo te mienta más...

DECIDE AMARTE

En estos últimos años de mi vida Dios me ha enseñado amarme más y aún tengo mucho que aprender ¡Dios no ha terminado conmigo! Me corrige cuando se me escapa un comentario no muy grato de mi misma y me recuerda, ¡cuidadito, no te digas eso! Él me ha enseñado a aceptarme tal y como soy, un poco despistada, olvidadiza... y ahora en vez de decirme, ¡que tonta que soy! comienzo a reírme de mi misma y me digo, ¡que divertida que soy! Porque no se trata de tus atributos, tu inteligencia o tus talentos. Si fuera así, muchas de nosotras estaríamos descalificadas, porque no todas tenemos el título de "Mujer Maravilla". No se trata de las posesiones que tienes, de lo que hiciste ayer o iras hacer mañana, se trata acerca de descubrir "de quien tú eres". *"Yo proclamaré el decreto del Señor: Tú eres mi hija, me ha dicho"* (Salmos 2:7). Cuando realmente creemos que somos hijas de Dios, comenzamos a entender cuan valiosas somos. Dios nos ama, ¡somos suyas! Mujer, Dios nos hizo maravillosas y Él nos ama tal como somos. ¿Puedes creerlo? Mira lo que dice este versículo: *"Panal de miel son las palabras amables: endulzan la vida y dan salud al cuerpo"* (Proverbios 16:24 NVI). Tus palabras tienen mucho poder. Te recomiendo mirarte al espejo, sonreír y decírtelo a ti misma *¡qué maravilla que soy! ¡Soy una creación admirable!* Como dice mi mamá: "¡No soy mujer maravilla, pero Dios me ha hecho maravillosa!"

La gratitud mantiene el corazón abierto al amor.
Sé agradecida por ser maravillosa. No hay nadie como tú.

"Tu creaste mis entrañas; me formaste en el vientre de mi madre.
¡Te alabo porque soy una creación admirable!
¡Tus obras son maravillosas, y esto lo sé muy bien!".
Salmos 139:13-14 NVI

DECIDE ACEPTARTE

Dios me recuerda siempre que soy única. Me está enseñando a aceptar mis diferencias en vez de aparentar ser alguien que no soy. Ahora, en vez de lamentarme por ser tan diferente, soy feliz porque me he dado cuenta que difícil que es imitarme. Aunque busques en el mundo entero, nunca encontrarás una Débora como esta... ¡Dios sólo hizo una! Quiero que pienses en eso, tú eres única. Nadie es como tú. Cuando entiendes tu exclusividad se terminan los celos. Tú tienes lo que yo no tengo y yo tengo lo que tú no tienes. ¡Somos diferentes y eso es bueno! ¡Es tan divertido! La gente dice que mi esposo y mi hijo son idénticos, pero yo no puedo ver el parecido porque los conozco demasiado a ambos. La gente que no me conoce muy bien ve a mi hermana Lorena y piensa que soy yo, pero mi familia nunca nos ha confundido. Mi amiga Xiomara tiene gemelas, las niñas para mí son exactas pero para su madre son muy diferentes. La gente podrá vernos parecidas pero es sólo porque no nos conocen. Todas somos muy diferentes y muy valiosas. Me alegra pensar como Dios nos conoce a cada una de nosotras, Él sabe que nos hace reír y que nos hace llorar. Él conoce nuestra personalidad y nuestro carácter. Él conoce tu color preferido, y hasta la fragancia de tu gusto (¡que aburrido seria si todas tuviéramos los mismos ojos, la misma nariz, la misma sonrisa y los mismos lunares!). ¡Es hermoso saber que Él nos conoce! Si Dios me conoce estoy segura que día a día sabré un poquito más de mi misma, porque Él me enseñara a descubrir quien realmente soy. Cuando Él te enseña tu exclusividad, tu diseño y tu propósito, descubrirás tu gran valor. Porque es de mucho valor aquello que es original y único. ¡MUJER, eres original y única! ¡No existe otra como tú! Las imitaciones son baratas y tú lo sabes. La cartera de marca COACH que te vendieron en la calle por cinco pesos, no fue que el vendedor se equivocó de precio, o porque estaba en oferta, lamento decirte "no es verdadera". La verdadera se rehusará a perder su valor, no importa quien la quiera. ¡Tú vales mucho!

Para amarte es importante respetarte. Nunca menosprecies o ridiculices quien eres. La gente te está observando y tú le enseñas a ellos como tratarte. Si hiciste algo de lo cual no estas orgullosa, perdónate y no lo vuelvas a hacer. Cada día es un nuevo comienzo. Cuando te mires al espejo veras lo que creas de ti misma. Si crees que eres es bonita, la mujer en el espejo se verá bonita. Si te enfocas únicamente en lo que no te gusta de ti, te convencerás a ti misma y convencerás a los demás que no hay nada especial en ti. La próxima vez que te mires al espejo mírate como Dios te ve, eres preciosa y digna de amor, eres especial, eres muy importante. Deja de decir cosas malas sobre ti misma. Pausa por un momento y piensa en cinco palabras positivas que te describan.

"Mujer virtuosa, ¿quién la hallara? Porque su estima sobrepasa largamente a las piedras preciosas". Proverbios 31:10

Estudios recientes han determinado que el 85% de la población sufre de una auto-estima pobre en algún área de su vida. La auto-estima es la opinión emocional que una persona tiene sobre sí misma. He aprendido que las mujeres que sufren por tener una auto-estima baja pueden reflejarlo en diversas áreas de sus vidas: No son completamente felices. Sufren de estrés, depresión y/o ansiedad. Tienen malos hábitos. Se sienten inferiores o superiores a los demás. SIEMPRE se están menospreciando. ¿Cuál es tu opinión de ti?

Mis creencias determinan mis pensamientos.
Mis pensamientos determinan mi actitud ante la vida.
Mi actitud determina mis emociones.
Mis emociones determinan cómo respondo ante la vida.

Si quieres amarte tienes que cambiar esas creencias erróneas que tienes acerca de tu persona. Comienza hablarte a ti misma y a confesar lo que Dios dice acerca de ti y veras como cambian tus pensamientos, tu actitud y tus emociones. Todo comienza por lo que crees… ¡Eres Única!

Una Piedra Preciosa
Había una vez, en el País de las Piedras, una pequeña piedra que estaba empeñada en ser una piedra preciosa para ser importante y admirada por todas las demás. Por eso tenía en su casa una impresionante colección de disfraces. Los tenía de Esmeralda, de Rubí, de Zafiro, de Diamante, de Plata y de Oro. Eran reproducciones casi exactas. Cuando se los ponía, parecían realmente auténticos. Y a esto había que añadir lo bien que interpretaba la pequeña piedra su papel. Si iba disfrazada de Esmeralda, hablaba como las Esmeraldas, caminaba como las Esmeraldas, se comportaba como las Esmeraldas. No había detalle que se le escapara y que la pudiera delatar. Y así fue pasando su vida. Nadie se dio cuenta del engaño. Los que la conocían como Esmeralda le tenían una gran admiración y aprecio. Y lo mismo ocurría con los que la conocían como Diamante, como Oro, como Zafiro, como Rubí o como Plata. Pero un día, estando la piedra tomando sol disfrazada de Oro, un hombre que pasaba por allí quedó deslumbrado con su brillo y la agarró. Al ver que era oro, dio un salto de alegría y fue corriendo a ver a un joyero para que le dijera cual era su valor. Pero cuando el joyero la examinó, vio que era una simple piedra cubierta con una funda dorada. Entonces el hombre, desilusionado la agarró y la tiró por la ventana.

Al caer al suelo, la pequeña piedra se rompió en mil pedazos, y sorprendentemente, dejó al descubierto que su interior había estado ocupado por un Diamante de gran calidad y de valor incalculable. Un Diamante que nunca había podido salir a la luz, porque la pequeña piedra se empeñó toda su vida en imitar a otros para ser valiosa e importante.

Descubre el diamante que Dios depositó dentro de ti y conocerás tu valor... ¡Mujer, disfruta ser tu misma! ¡Y sé feliz!

Ahora, quiero recordarte que para aprender amarte primero tienes que conocerte. ¿Quién eres? Eres hija de Dios y eres muy amada. Eres valiosa porque Dios te ha hecho la corona de la creación (Génesis 1:26). Segundo, conoce tu exclusividad, eres diferente a toda la creación, eres única, como tus huellas digitales. Toma tiempo para descubrirte y disfrutar tus gustos personales.

Mi Color Preferido
¿Cuál es tu color preferido? Pregunté una tarde en un estudio bíblico de mujeres. Una por una, las mujeres iban contestando en el círculo que estábamos sentadas. Sorprendidas por la pregunta, mientras decían su color preferido podía notar entre ellas, aquellas que lo sabían y aquellas que lo inventaban en el momento. ¡Qué divertida fue esa reunión! Luego que todas contestaron, estaban atentas para saber por qué les había preguntado sobre su color preferido, entonces comencé a contarles mi historia. Un día mis hijos estaban jugando en la cocina, mientras hacía mis quehaceres les escuché cuando hablaban entre ellos acerca de sus colores preferidos. Ese día descubrí que yo desconocía el mío. Algo tan simple "un color". ¡No sabía! ¿Cómo puedo creer conocerme y decir "esta soy yo" con tanta seguridad cuando hablo de mi misma si ni siquiera conozco mi color preferido? De niña siempre supe que me

gustaba, pero crecí y la familia, la escuela, las amistades, la gente comenzó a opinar, a intervenir en mis gustos... especialmente en la adolescencia creo que toda mujer es tentada a perderse. *"¡Tienes que pintarte el pelo de rojo, te verás esplendida! El rojo se está usando, además tu pelo volverá a nacer". "¿Por qué no sales con tal muchacho?"* ¡No tenemos nada en común, no me interesa! *"¡Qué pena! ¡Se ven tan lindos juntos! ¡Tendrías que salir igual así te diviertes un poco!"*

Te imaginas conducir un automóvil teniendo voces a tu lado constantemente dándote instrucciones para donde ir: *"A la derecha. No, tenías que doblar a la izquierda. No, es después del puente. No, te equivocaste".* Terminaras perdida si deseas complacer a todas las voces. Qué triste es estar perdida, ver pasar el tiempo, dar muchas vueltas hasta cansarme y nunca llegar a donde deseo. No quiero perderme en el trascurso de mi vida. Quiero saber quién realmente soy y que es lo que realmente quiero. No puedo conocerme por las opiniones de los demás porque varían y son tan diferentes, cambian constantemente y me dejan confundida. Ese día mientras mis hijos conversaban entre ellos comencé a hablar con Dios. Él te conoce más de lo que tú te puedas imaginar. Esa tarde descubrí cuanto me gusta el color rojo y no lo sabía.

"OH, Jehová, tu me has examinado y conocido.
Tu has conocido mi sentarme y mi levantarme;
Has entendido desde lejos mis pensamientos. Has escudriñado mi andar y mi reposo, y todos tus caminos te son conocidos. Pues aun no esta la palabra en mi lengua, y he aquí, OH Jehová, tu la sabes toda.
Detrás y delante me rodeaste, y sobre mi pusiste tu mano.
Tal conocimiento es demasiado maravilloso para mi;
Alto es, no lo puedo comprender".
Salmos 139:1-6

El Tesoro de Mamá

En el trascurso de los años mi familia se ha movido varias veces de casa y cada vez que mi padre le pregunta a mi madre que es lo que más le importa llevar a la nueva casa, mami sonriendo le dice: "Mis Biblias y mis libros". En nuestra familia sabemos que mami es una mujer muy segura de sí misma y siempre sabe lo que quiere. ¿Qué te hace feliz a ti? Pareciera una pregunta tan sencilla pero te asombraría la cantidad de mujeres que no saben porque no se conocen. Si tú no te conoces, ni tienes idea de lo que te hace realmente feliz, entonces ¿cómo esperar de alguien más que te conozca y te haga feliz? ¿Cómo sabrá mi familia que me hace feliz? ¿Cómo sabrán lo que quiero, si ni yo misma sé lo que quiero? Mi esposo y mis hijos todos los días aprenden un poquito más de lo que me gusta y de lo que no me gusta, de lo que necesito y de lo que no necesito. Mientras me descubro, ellos me van conociendo más. No los tengo estudiándome o descifrándome, yo les comparto mis gustos y ellos son felices cuando me obsequian algo que me gusta. El otro día, mi hijo Kenny me hizo un dibujo hermoso de un pájaro rojo con una nota que decía: "Mami, yo te amo y sé que este es tu pájaro preferido, es por eso que te lo dibujé, para cuando no lo veas puedas ver este". Casi me derrito de amor... Lo tengo colgado en la pared de mi cocina y lo veo todos los días, me hace muy feliz. Mis hijos saben cuanto me gustan los pájaros porque siempre hablo de ellos, especialmente los cardenales, porque son rojos y no se ven mucho por donde yo vivo. Cada vez que veo un cardenal me alegro mucho y estoy segura que Dios lo manda a mi jardín para verme sonreír y para recordarme que Él quiere que sea feliz sin importa donde viva. En cada casa que me he mudado en estos últimos años, siempre hay un pájaro rojo que se para cerca de una ventana de la casa y llama mi atención. *"Por lo tanto, yo les digo: No se preocupen por lo que han de comer o beber para vivir, ni por la ropa que necesitan para el cuerpo. ¿No vale la vida más que la comida y el cuerpo más que la ropa? Miren las aves que vuelan por el aire: no siembran ni cosechan ni guardan la cosecha en graneros; sin embargo, el Padre de ustedes que está en el cielo les da de comer. ¡Y ustedes valen más que las aves!"* (Mateo 6:25-26 DHH).

La Opinión De La Gente

¿Por qué hay veces que nos sentimos inseguras, con falta de aceptación, aun conociendo que Dios es grande en misericordia y que Él nos perdona cuando nos arrepentimos de corazón? Creo que ese sentimiento de inseguridad viene a nosotras por escuchar y aceptar voces extrañas. Te explicare mejor, la gente siempre tendrá una opinión de ti, ¡siempre! Te guste o no te guste, preguntes o no preguntes. Una vez leí una reflexión que me hizo pensar mucho en como la gente tiende a opinar sin conocerte. *Un chico de 24 años viendo a través de la ventana del autobús gritó: "¡Papá, mira los árboles como van corriendo detrás!" el Papá sonrió y una pareja de jóvenes sentados cerca, miro al joven de 24 años con conducta infantil y murmuraron que ya estaba viejo como para andar diciendo eso de pronto, otra vez exclamó: "¡Papá, mira las nubes están corriendo con nosotros!" La pareja no pudo resistirse y le dijo al anciano: "¿Por qué no llevas a tu hijo a un buen médico?" El anciano sonrió y dijo: "ya lo hice y apenas estamos viniendo del hospital, mi hijo era ciego de nacimiento, y hoy por primera vez puede ver gracias a Dios". La pareja de jóvenes quisieron tragarse lo que habían dicho... Cada persona en el planeta tiene una historia. No juzgues a la gente antes de que realmente los conozcas. La verdad puede sorprenderte.*

La gente cree conocerte porque te ha escuchado hablar por cinco minutos, porque te ve a diario en el tren, porque le han contado de ti, porque compras en su tienda, porque conocen algo de tu vida. Pero en realidad nadie exactamente te conoce, ¡sólo Dios! Entonces no creas todo lo que dicen de ti, no permitas que te afecte, pregúntate ¿qué piensa Dios de mí? Él es el único que realmente me conoce...

"El Espíritu Santo, a quien el Padre enviará en mi nombre, él os enseñará todas las cosas, y os recordará todo lo que yo os he dicho".
Juan 14.26

Dios Tiene Su Opinión De Mi

El Espíritu Santo es quien nos enseña quienes somos. *"El Espíritu mismo da testimonio a nuestro espíritu, de que somos hijos de Dios"* (Romanos 8:16). Él es nuestro maestro. Él nos recuerda todo aquello que está escrito en la Palabra de Dios para guiarnos a toda verdad (Juan 16:13). *"El Espíritu del SEÑOR, espíritu de sabiduría y de inteligencia, espíritu de consejo y de poder, espíritu de conocimiento y de temor del SEÑOR"* (Isaías 11:2).

Quizás te preguntes: ¿Cómo es posible escuchar a Dios? Dice la Biblia en 1ra Tesalonicenses 5:23 que todo nuestro ser está formado por un cuerpo, un alma y un espíritu. En nuestra alma esta nuestra mente y emociones. El Espíritu Santo de Dios nos habla en nuestro espíritu. En la antigüedad Dios habitaba en un Templo y este estaba formado por un atrio exterior, un atrio interior y el lugar santísimo. Después del sacrificio de Jesús en la cruz Dios habita en nosotros. Nosotros somos el templo de Dios. El templo está dividido en tres partes también: espíritu, alma y cuerpo. Cuando Dios se dirige a ti y a mí no lo hace por medio de nuestra alma o nuestra carne, sino por medio de nuestro espíritu. En 1ra Corintios 6:19 dice: *"¿O ignoráis que vuestro cuerpo es templo del Espíritu Santo, el cual está en vosotros, el cual tenéis de Dios, y que no sois vuestros?"*. En Efesios 3:16 dice *"Para que os dé, conforme a las riquezas de su gloria, el ser fortalecidos con poder en el hombre interior por su*

Espíritu". Tú tienes un espíritu y dentro de el habita el Espíritu Santo. Debido a que nuestro espíritu nació de nuevo, el está más en sintonía con el Espíritu de Dios que nuestra carne donde radica según la Biblia nuestra naturaleza pecaminosa. Es por eso que cuando comienzas hacer algo equivocado tu espíritu te alertara avisándote que está mal. El Apóstol Pablo escribió, *"Verdad digo en Cristo, no miento, y mi conciencia me da testimonio en el Espíritu Santo"* (Romanos 9:1). Es por eso que debemos procurar tener una conciencia limpia y sana ante Dios, sin contaminación; sin culpa, rechazo, incredulidad, inseguridades, falta de amor, etc. Seamos sinceros con Dios y pidámosle que limpie nuestra conciencia, que la purifique.

"Acerquémonos, pues, a Dios con corazón sincero y con la plena seguridad que da la fe, interiormente purificados de una conciencia culpable y exteriormente lavados con agua pura". Hebreos 10:22 NVI

Dios también puede usar gente guiada por su Espíritu Santo para enseñarte o para corregirte, y es importante que sepas ¿cuál es la gente que Dios usara para corregirte? ¿A quién debes escuchar? ¿De quién debes aprender? No todos los que hablan de Dios, hablan por Dios. Hay voces que a veces te pueden confundir y debes saber distinguirlas para no terminar atada por sus mentiras.

"Guardaos de los falsos profetas, que vienen a vosotros con vestidos de ovejas, pero por dentro son lobos rapaces. Por sus frutos los conoceréis. ¿Acaso se recogen uvas de los espinos, o higos de los abrojos? Así, todo buen árbol da buenos frutos, pero el árbol malo da frutos malos. No puede el buen árbol dar malos frutos, ni el árbol malo dar frutos buenos... Así que, por sus frutos los conoceréis".
Mateo 7:15-20

Cuando alguien te dé una palabra de exhortación departe de Dios siempre será motivada por amor, porque Dios es amor. Además, la palabra de exhortación tiene que ser siempre respaldada totalmente por la Palabra de Dios que es la profecía perfecta. Recuerda, nunca será para menospreciarte o avergonzarte, sino para mostrarte el peligro y ayudarte a salir de el. *El amor edifica* (1 Corintios 8:1). Ahora, esto no quiere decir que en el momento de escuchar la verdad no sientas dolor o incomodidad. ¡No! Te explicare mejor: El otro día una mujer se acercó a mí y me dijo que estaba ofendida conmigo por lo que le había dicho la semana pasada. No entendí y confundida le pregunte, ¿por qué? Ella me dijo, "fue doloroso escuchar que lo que estaba haciendo estaba mal". Le pregunte con mucha calma, ¿acaso te llame la atención en público, te avergoncé, te grite, te menosprecie, me enoje contigo? ¿Acaso no fuiste tú que viniste a mí a pedirme un concejo y cerrando la puerta en privado te dije lo que Bíblicamente Dios nos enseña que debemos hacer? ¿Acaso después de ese día no se solucionó el problema que tenías y ahora estas en paz? Sí, me respondió muy segura… ¿Entonces? Ella estaba enfocada en el dolor que le había causado la corrección en el momento pero no en como le había beneficiado (a mí también me duele). Le pregunte ¿acaso no duelen las vacunas? ¿Y por qué las soportamos? No te enfoques en el dolor que produce la verdad en el momento. Se sabia y acepta la verdad porque te beneficiará de gran manera.

"No nos gusta cuando nos corrigen porque nos duele, pero luego de haber sido corregidos da buenos resultados. Entonces nos llenamos de paz y empezamos a vivir como debe ser". Hebreos 12:11 PDT

Dios también puede usar muchos medios para llamar tu atención; películas, libros, carteles, pájaros, flores, lo que sea necesario. Debemos pedirle a Dios sabiduría para saber cuándo es Él que nos está hablando.

De algo estoy segura, Él siempre te corregirá con amor y te enseñara el camino correcto para que no vuelvas a equivocarte, porque Él te me ama y no quiere que tropieces y te lastimes. Siempre que reconozcas tu error, Él te perdonará al instante. Pero es tu decisión creer que eres su hija amada y entender que Él te corrige por amor. Es tu decisión no sentirte culpable o condenada. Vístete con misericordia, te verás radiante y te sentirás libre. Quizás en este momento necesites perdonar aquellas personas que te corrigieron y tú te ofendiste con ellos... ¡perdónales y se feliz!

¿Quién Me Condena?
Tenía aproximadamente dieciocho años cuando una hermosa amiga de la iglesia muere cuando da a luz su bebé. Recuerdo lo doloroso que fue su partida para todos los que la conocíamos. Su esposo no tenía familia cercana que pudiera ayudarle, él tenía que trabajar, cuidar de su hija de cinco años y de su bebé recién nacida. Algunas hermanas de la iglesia ofrecimos llevarnos la bebé a nuestras casas por las noches y yo le cuide los primeros días. Siempre me simpatizaron mucho los niños y algo de experiencia tenía (mis padres tuvieron ocho hijos y yo soy la mayor). Además, la gente me daba un montón de recomendaciones y una de ellas era "no levantes a la bebé en la noche cuando llore porque se acostumbrara a tus brazos". Lo intente por tres o cuatro segundos el primer día y luego no pude más, la abrazaba y ella dejaba de llorar. Su madre no estaba, el latido del corazón que ella conocía ya no existía... ¿Cómo no abrazarla? La que lloraba ahora sin parar era yo y no dormía para que ella durmiera a mi lado. En esos días donde las madrugadas eran largas, los pañales y las mamaderas decoraban mi cuarto fui al funeral de su madre porque pensé que era lo correcto hacer por respeto a mi amiga. Me he arrepentido toda la vida de haber ido, quizás suene inconsiderada, irrespetuosa, pero es la verdad, no te puedo mentir. La

mujer amigable y valiente que yo conocía, ya no estaba ahí. La gente dice que eso es lo que tienes que hacer y por eso fui. Al ver que ya no estaba con nosotros y saber que su hija nunca la conocería fue fuertísimo para mí. No podía con la tristeza que sentía. Me hizo muy mal el haber ido. Nunca había estado en un funeral, era el primero que había asistido en mi vida. Un tiempo antes había muerto mi querida abuela, pero por la distancia mi familia no había podido estar en su funeral. Fue doloroso saber que ya no vería su rostro otra vez aquí en la tierra, no podía peinarla y masajearle los pies como a ella le gustaba tanto, pero pude tomarlo con mucha más calma porque solo quedaron en mi mente recuerdos llenos de vida, llenos de felicidad y ninguno de muerte. Fue en ese año de mi vida donde conocí el dolor que causan las despedidas y siempre he tratado de evitarlas. Prefiero atesorar en mi corazón todos aquellos momentos felices con aquellos que ya no están aquí y guardar la esperanza que un día más allá del sol les volveré a ver y abrazar sin dolor.

¿Recuerdas cuando anteriormente te dije que Dios te enseña a conocerte? Bueno, Él me ha enseñado en las áreas que soy bien fuerte y en las áreas que no soy tan fuerte, yo las llamo "las áreas que están bajo construcción". Son áreas en nuestro carácter que Dios está trabajando, inseguridades, bajo estima, vergüenza, etc. Como te dije antes ¡estoy creciendo! Dios me enseña a ser fuerte todos los días un poquito más. ¿Quieres saber algo más de mí? Después de los funerales, me cuesta mucho ir a los hospitales. He pasado por cuatro operaciones bien difíciles y aunque he visto a Dios cuidarme, consolarme y fortalecerme, no quiero volver a recordar el dolor que pase en los hospitales, ya paso. Ahora, no me mal intérpretes, no estoy diciendo que no debes ir a los funerales o a los hospitales, por supuesto que no, es solo un ejemplo personal. Hay gente que tiene un don especial para ir a los funerales y hospitales, tienen una personalidad muy particular, saben consolar, saben dar ánimo, y realmente les admiro ¡son fuertes en ese área de su carácter! Lo que quiero decir es, tienes que conocerte. Si sabes que hay algo que te pondrá muy triste, que te hará mal emocionalmente, que afectara tu salud ¿por qué lo haces? ¿Por qué la gente dice que es lo que debes hacer? ¿Por qué todos lo hacen? Diferente fuera si no tienes otra opción. Guarda tus fuerzas para esos días. Te hablo de esas veces cuando puedes evitar situaciones que te afectan mucho y por temor al qué dirán sufres en silencio por algo que no querías hacer. Evitaras muchos momentos infelices en tu vida cuando aprendas a decir "no". Si no estás lista, si no puedes, no hay problema... un día lo estarás, estas creciendo. ¡Dios no te condena! ¡Él te ama y te entiende! Como me apena cuando escucho a alguien decir "tienes que ser fuerte como ella". Que mentira más grande, yo no puedo darme crecimiento a mí misma. Te imaginas decirle a la plantita que tienes en el jardín, "para mañana necesito que crezcas unos veinte centímetros como la planta que está al lado tuyo". ¡No funciona! Cada planta es diferente. Mi parte es sembrar, regar y cuidar la plantita, estoy segura que Dios le dará crecimiento. De igual manera, debo sembrar en mi corazón la buena semilla que es la palabra de Dios, meditar en ella diariamente y cuidar que ningún pensamiento de tristeza, ninguna actitud negativa, ofensa o falta de perdón seque mi semilla. Con el tiempo podre ver en mí el crecimiento, mientras la palabra de Dios este en mi corazón iré creciendo. Quiero que estés segura, tan segura como lo estás de tu plantita *"Dios te dará crecimiento"*. Si no tienes una plantita en tu casa te recomiendo conseguirte una y obsérvala como crece. Háblale a tu plantita y dile, "sé que hoy te ves pequeña y débil, sé que te gustaría tener hojas grandes, yo te entiendo, no te afanes, no estés triste, ¡Dios nos dará crecimiento!".

*"Así que ni el que planta es algo ni el que riega,
sino Dios que da el crecimiento". 1 Corintios 3:7*

Todas Somos Diferentes

¿Por qué te conté de estas cosas personales que me cuestan mucho? Primero, porque no quiero que en ningún momento creas que me es más fácil aceptarme porque Dios ya ha perfeccionado la obra en mí, o porque soy fuerte en todas las áreas de mi vida. ¡Oh no! ¡Soy feliz porque Dios me acepta tal como soy y porque sé que Él aún no ha terminado conmigo! Segundo, quiero que te identifiques y entiendas que no importa quienes sean nuestros padres, cuan conocida seamos, el ministerio que tengamos o el titulo prestigioso que la gente nos haya dado, todas tenemos cositas. Quizás sean diferentes, unas más grandes, otras más pequeñas, pero todas tenemos algo que nos cuesta mucho hacer y en ocasiones sé que hay gente que hasta se ofenderá contigo porque no haces exactamente lo que ellos consideran que debes hacer y es posible que tengas pensamientos de culpabilidad condenándote porque en momentos precisos no fuiste tan fuerte como se esperaba de ti.

DECIDE NO CONDENARTE

Hace un tiempo atrás me lastimo mucho saber que alguien se había ofendido conmigo porque yo no fui lo suficiente fuerte. Pensamientos de condenación inundaban mi mente, me sentía muy culpable. Ahora, entiendo que era el enemigo acusándome como dice en: Apocalipsis 12:10, *"el acusador de nuestros hermanos, el que los acusa delante de nuestro Dios día y noche"*. Me sentía tan triste y corriendo fui a refugiarme en los brazos de Dios y le dije: "Tú me conoces, no puedo esconderte nada, tú sabes todo, tú sabes cuánto me cuesta, tú me conoces". Esa misma tarde cuando leía la Biblia, justo abrí en Romanos 8:33-34 y al instante fui libre de esa angustia que sentía...

"¿Quién acusará a los escogidos de Dios?
Dios es el que justifica. ¿Quién es el que condenará?

Cristo es el que murió; más aun, el que también resucitó,
el que además está a la diestra de Dios,
el que también intercede por nosotros".
Romanos 8:33-34

Me equivoque, no pude, no fui lo suficiente fuerte. Nunca imagine que mi presencia sería tan importante para esta persona. Mi intención no fue ofenderle y me entristece pensar que le defraude. La gente quizás nunca te entienda y hasta pierdas buenos amigos por equivocarte, por las decisiones que tomes, pero ten paz, Jesús te entiende. *"Porque no tenemos un sumo sacerdote que no pueda compadecerse de nuestras debilidades, sino uno que fue tentado en todo según nuestra semejanza, pero sin pecado. Acerquémonos, pues, confiadamente al trono de la gracia, para alcanzar misericordia y hallar gracia para el oportuno socorro"* (Hebreos 4:15-16). Jesús conociéndote exactamente como eres con tus debilidades y tus faltas, te ama, no te condena. Además, Jesús intercede al Padre para que seas fuerte. ¡Jesús, intercede por ti!

"Aunque pase yo por grandes angustias, tú me darás vida;
contra el furor de mis enemigos extenderás la mano:
¡tu mano derecha me pondrá a salvo!".
Salmos 138:7 NVI

Mujer, ¿Dónde Están Ellos?
Hay gente que no duerme por pensar cuando te vas a equivocar. ¿Recuerdas la historia de la mujer adúltera en la Biblia? Me imagino que ella también conocía a esa clase de gente, dice la Biblia que la mujer adúltera fue "sorprendida" en donde estaba, en el mismo acto, no antes, ni después. Quiere decir que había alguien que la estaba siguiendo y a escondidas la estaba observando. ¿Te imaginas que vergonzoso fue para

ella ser sorprendida en el mismo acto de su pecado? Sin poder dar explicaciones, sin poder esconder su rostro o tapar bien su cuerpo, rodeada de gente que quería su muerte.

Los escribas y los fariseos trajeron a una mujer sorprendida en adulterio, y poniéndola en medio, le dijeron: "Maestro, esta mujer ha sido sorprendida en el acto mismo del adulterio. Y en la ley, Moisés nos ordenó apedrear a esta clase de mujeres; ¿tú, pues, qué dices?" Decían esto, probándole, para tener de qué acusarle. Pero Jesús se inclinó y con el dedo escribía en la tierra. Pero como insistían en preguntarle, Jesús se enderezó y les dijo: "El que de vosotros esté sin pecado, sea el primero en tirarle una piedra. E inclinándose de nuevo, escribía en la tierra". Pero al oír ellos esto, se fueron retirando uno a uno comenzando por los de mayor edad, y dejaron solo a Jesús y a la mujer que estaba en medio. Enderezándose Jesús, le dijo: "Mujer, ¿dónde están ellos? ¿Ninguno te ha condenado?" Y ella respondió: "Ninguno, Señor". Entonces Jesús le dijo: "Yo tampoco te condeno. Vete; desde ahora no peques más" (Juan 8:3-11).

Siempre habrá gente a tu alrededor mirándote cuidadosamente para que cometas un error y entonces poder acusarte, especialmente con aquellos que tú amas. Esperan pacientemente sin darse por vencidos. Cuando menos te das cuenta, ya todo el mundo sabe lo que hiciste. No digo esto con la intención de hacerte creer que nuestras debilidades hay que mantenerlas en secreto, no. La palabra dice en Santiago 5:16 NVI *"Por eso, confiésense unos a otros sus pecados, y oren unos por otros, para que sean sanados. La oración del justo es poderosa y eficaz".* Dios quiere que confieses tu pecado, pero no para avergonzarte, culparte o condenarte. Dios quiere que lo confieses y te arrepientas de el para "liberarte" y hacerte fuerte en ese área. *"Si confesamos nuestros pecados, él es fiel y justo para perdonar nuestros pecados, y limpiarnos de toda maldad"* (1 Juan 1:9). A diferencia de la gente que te señala y te condena, no lo hacen para ayudarte, lo hacen para destruirte. Te tiran indirectas, haciéndote creer que tú nunca podrás cambiar. Que siempre serás débil y que no eres digna de misericordia. Pero bendito sea Dios, que Dios mando a su hijo Jesús para levantarte, no para aplastarte. Él te recuerda que con Él puedes y como le dijo a la mujer adúltera te dice a ti *"ni yo te condeno; vete y no peques más"* (Juan 8:11). Él siempre te dará una nueva oportunidad…

Mi deber como tu hermana y amiga es orar por ti, ayudarte a sanar, y no hablar mal de ti a tus espaldas. No digo que sea fácil cerrar la boquita y olvidar lo que hiciste, más fácil es hablar mal de ti para tapar lo mío y yo verme mejor que tú (creo que esa es la razón primordial porque la gente habla mal de otros, por inseguridad). Pero si queremos ser mujeres sabias, pensemos bien antes de elegir hacer lo fácil. ¿Qué es lo que realmente quiero cosechar en mi vida? ¿Qué debo sembrar para cosechar paz, amor, harmonía, misericordia? ¿Estás pensando lo que estoy pensando? Perdonar, olvidar y "cerrar la boquita" aunque no sea tan fácil, me darán muy buenos frutos. Entonces, no te involucres en chismes, no pierdas el tiempo en sembrar semillas que en nada te beneficiaran, perdona las faltas de los demás y se feliz. ¿Acaso no tenemos todos faltas? Y la próxima vez que te cuenten que alguien hablo mal de ti déjalo pasar. ¿Acaso nunca has hablado mal de nadie? Como dice en Eclesiastés 7:21 al 22, *"Tampoco apliques tu corazón a todas las cosas que se dicen, para que no oigas a tu siervo cuando habla mal de ti; porque tu corazón sabe que tú también hablaste mal de otros muchas veces"*. Tú decides ofenderte o no. Aprende a perdonar como te gustaría a ti que te perdonen cuando te equivocas. No le recuerdes a todo el mundo el daño que te ha hecho la gente. Olvida esos malos momentos y se feliz. Siembra misericordia, de seguro en esta vida la vas a necesitar. ¡Nadie es perfecto! Aprendamos de Jesús, Él fue el único que tenía todo el derecho de contestar a sus agresores y no lo hizo. Cuando una persona está llena de odio contra ti es en vano que tú te defiendas, porque nunca le harás cambiar de parecer. No pierdas el tiempo en responder a sus necias palabras. ¡Sólo Dios puede transformar su corazón!

"Mientras tanto, Jesús compareció ante el gobernador, y éste le preguntó: ¿Eres tú el rey de los judíos? Tú lo dices —respondió Jesús. Al ser acusado por los jefes de los sacerdotes y por los ancianos, Jesús no contestó nada. —¿No oyes lo que declaran contra ti? —le dijo Pilato. Pero Jesús no respondió ni a una sola acusación, por lo que el gobernador se llenó de asombro" (*Mateo 27:11-14 NVI*).

Todos Hemos Pecado
Que hermoso es saber que Jesús vino a librarnos del pecado. La Biblia dice que *Jesús no vino a condenar al mundo, sino a salvar al mundo, ya que el que no cree en El, ya está condenado* (Juan 3:18). *Porque al que el Hijo (Jesús), libertare, ese será verdaderamente libre* (Juan 8:36). Únicamente cuando tenemos un encuentro real con Él, podemos ser liberadas del pecado que nos esclaviza y de la culpabilidad que nos persigue. Todos necesitamos ser salvados por Jesús, porque todos hemos pecado (Romanos 3:23). Quizás nunca matamos a nadie, pero para Dios, el que tiene falta de perdón, el que es orgulloso, el que miente, el que sabe hacer lo bueno y no lo hace, es tan pecador como el homicida, el ladrón o el adúltero; los cuales no heredarán el Reino de Dios, así es que no nos engañemos a nosotras mismas ¡Dios no puede ser burlado! (1 Corintios 6:9-10). Todas necesitamos aceptar a Jesús como nuestro único Salvador para recibir perdón, porque todas hemos pecado.

Aunque no soy lo que debiera ser, ni lo que me gustaría ser,
ni tampoco lo que espero ser, puedo decir honestamente que tampoco
soy lo que era una vez... ¡Por la gracia de Dios soy lo que soy!
John Newton

Cuando aceptes verdaderamente el perdón y el amor de Dios veras como su gracia te levanta y te restaura. No hay nadie que te puede condenar por tu pasado. Cuando te arrepientes de corazón, ni siquiera Dios recuerda tu pecado. Entonces, si Dios no me condena y ni siquiera recuerda mi pasado ¿quién es la gente para recordármelo? Se libre de toda condenación, se libre del pasado y podrás decir confiadamente, ¿quién me condena? ¿Dónde están? Si alguien se atreve a responderte dile que hable con tu abogado ¡y se feliz!

"Hijitos míos, estas cosas os escribo para que no pequéis;
y si alguno hubiere pecado, abogado tenemos para con el Padre,
a Jesucristo el justo". 1 Juan 2:1

El Profeta y La Prostituta
El Profeta Oseas era un joven Israelita que se había mantenido puro y exclusivo para Dios. Me imagino que soñaba casarse con una joven virgen, con valores y principios, que viniera de una familia honorable, que fuera una esposa ejemplar y buena madre para sus hijos. Pero sus planes cambian cuando recibe una orden inusual de Dios. *"Anda, toma para ti una mujer prostituta y ten hijos de prostitución"* (Oseas 1:2). ¿Dios le dice al Profeta Oseas que se case con una prostituta? Sí, su nombre era Gomer. ¿Cómo puedes entender eso? ¿Cómo casarte con alguien que es tan diferente a ti? ¿Alguien con quien no estás de acuerdo? Luego no sólo Dios le pide que se case con ella sino le pide que la ame (Oseas 3:1). ¿Por qué Dios le pidió eso al Profeta? Creo que fue para

enseñarle que cuando decides amar puedes amar a quien sea, sin acepción de persona, sin importar su pasado o su reputación. Sin importar el dolor que te haya causado, sin importar cuantas veces te haya engañado. ¡Así es como Dios nos ama! Y Dios quería enseñarle como Él amaba al pueblo de Israel que le había sido infiel tantas veces. Tú puedes serle infiel a Dios, pero Él nunca te dejara de amar. Amar es una decisión y Él decidió amarte antes que tú le amaras. Nosotras hacemos al revés, esperamos encontrar una muy buena razón en alguien primero (que nos beneficie a nosotros en algo, que nos haga sentir bien acerca de nosotros mismos) y luego decidimos amarle. ¡Dios no! ¡Él decidió amarnos antes que nosotros le amaramos!

Entonces, el Profeta obediente a la orden de Dios decide amar a Gomer y dice la Biblia que él se enamora ciegamente de ella, sabiendo todo lo que ella había sido y aun sabiendo que algún día ella volvería a prostituirse otra vez. Ella vive con él por algunos años y le da hijos, pero al pasar el tiempo Gomer comienza hacerle infiel (como Dios le había dicho), hasta abandonarlo y dejarlo sólo con sus hijos. Oseas sufre en secreto y no entiende porque su mujer lo dejo a él y a sus hijos, ¿qué la hizo volver a prostituirse? Creo que las mujeres podemos entender un poquito mejor a Gomer que los hombres. Hay muchos de ellos que piensan que Gomer se fue de la casa porque quería estar con sus amantes y vivir la vida loca. Pero me cuesta creer que Gomer prefería vender su cuerpo, ser tocada, abusada, lastimada y maltratada a cambio de unas pocas monedas. Una mujer nunca sueña con prostituirse. Una mujer sueña con ser amada, respetada, protegida, con tener hijos, formar un hogar... Gomer era esposa de un hombre de Dios que la amaba, la respeta y cuidaba de ella. Tenía hijos y para una madre su anhelo es siempre estar cerca de sus pequeños.

En mi opinión, creo que Gomer se fue de su casa porque ella no se amaba. Cuando tú no te amas rechazas aquellos que te aman y te entregas a quienes te lastiman, porque es normal para ti maltratarte. Alguien que permite que le abusen, le falten el respeto, le griten, le hieran a golpes, ¡no se ama! Gomer no podía amarse, porque no sabía amar... Nadie le había enseñado. Nadie la había amado. Nadie la había respetado. Ella estaba acostumbrada al desprecio. El abuso era normal en su vida. Ella no entendía porque Oseas la amaba, nunca nadie la había tratado como él, se sentía incomoda, se sentía indigna, se sentía culpable, se sentía confundida. Su corazón no conocía el amor y no le permitía aceptar el amor de Oseas, ni siquiera disfrutar de sus propios hijos. No sabía como tratarles con cariño, le era incomodo abrazarles y estoy segura que ella creía que Oseas y sus hijos estarían mejor sin ella. Oseas podía volver a rehacer su vida casándose con otra mujer y ya no sería el burlar del pueblo por estar casado con ella. Me imagino a Gomer preguntarse, ¿cómo un hombre tan bueno como Oseas me puede amar a mí? Ella sabía que sus vidas eran muy diferentes y que nunca serian iguales. Él era más fuerte que ella, él amaba más que ella y él cuidaba a sus hijos mejor que ella, y creo que un día no soporto más la culpabilidad que sentía y prefirió olvidar a Oseas y volver a ser la victima que siempre había sido. Prefirió el abuso antes que sentirse indigna de su amor.

Sin importar el tiempo, Oseas siempre esperaba por el regreso de su esposa, nunca la dejo de amar, nunca la remplazo con nadie. Un día Oseas va caminando por el centro de la ciudad y ve un grupo de gente alrededor de una mujer que está atada, casi desnuda y desnutrida. Esa mujer era Gomer. Me puedo imaginar que él soltó lo que llevaba en sus manos y salió corriendo hacia ella. "Mi amor, aquí estoy" comenzó a gritar en medio de la multitud que lo empujaba y que se burla de Gomer. "¿Quién da una moneda? ¿Y quién da más?". Oseas confundido mira al rededor y grita, *"¡nooooo, ella es mi esposa! ¿Qué están haciendo?"*. Insiste en acercarse a ella mas unos hombres fuertes no le permiten. Un hombre se levanta y le grita a Oseas, *"La que usted dice que es su esposa es mi esclava, ¡olvídese de ella, ahora es mía!"*. Él desesperadamente tomó todas las monedas que tenía y hasta pidió prestado para poder comprar a su esposa ¡sí, su esposa! Dice la Biblia que Oseas pago el precio más alto por ella, no le importo su infidelidad, su abandono, su pecado, su condición moribunda y aún hasta la posibilidad que ella lo dejara otra vez. Él la tomo en sus brazos ese día, la llevo a su casa, la vistió, le dio de comer y sano su cuerpo lastimado. El mismo cuerpo que un día había tenido algo de valor para los hombres, ya no valía nada para nadie. Gomer lo había malgastado todo, sus atributos, su belleza, sus vestidos, sus joyas, menos el amor de Oseas. Finalmente, me imagino que Gomer entendió que el amor de Oseas no estaba condicionado a su belleza, sus atributos, o que buena esposa o madre era, ¡no! El amor de Oseas era incondicional y él nunca la dejaría de amar. Él podía ver en ella un valor que ella desconocía y aunque ella no entendía lo que él veía, ella decidió creer en su amor, decidió mirarse por medio de sus ojos y aprender amarse como él la amaba. ¿Te recuerda a una historia similar? No repitamos la triste historia de Gomer, dejemos nuestro pasado, perdonémonos y recibamos el amor incondicional que Dios quiere darnos para poder amarnos a nosotras mismas. Dios ya pago el precio más alto por nosotras y Él no se ha arrepentido. Nunca seremos como Él y está bien. Él nos acepta tal como somos. Disfruta su gracia y su gran amor. Dios no te condena ¡no te condenes tú!

"Pues tú has librado mi alma de la muerte,
mis ojos de lágrimas y mis pies de resbalar".
Salmos 116:8

CAPITULO 6

El Rey Me Ama

"Los montes se correrán y las colinas se moverán, pero mi amor de ti no se apartará".
Isaías 54:10

Mardoqueo era un judío que había adoptado como hija a una sobrina huérfana llamada Ester. Ella fue elegida entre muchas doncellas para que fuera reina. Por aquel entonces un tal Amán fue nombrado el segundo en poder después del rey. Todos, menos Mardoqueo, se postraban a su paso cuando entraban en el palacio real, por lo que Amán se indignó contra él; enterado de que era de raza judía dictó un decreto para que todos los judíos fueran ejecutados. Cuando lo supo Mardoqueo, hizo llevar a Ester el decreto de Amán, rogándole que invocara al Señor e intercediera ante el rey a favor de su pueblo. *"Entonces entrare a ver al rey, aunque no sea conforme a la ley; y si perezco, que perezca"* (Ester 4:16). La joven Ester decide presentarse ante el rey y hacer la petición por su pueblo. Era en contra de la ley de Persia que ella entrara a la corte del rey sin que él la llamara. Estaba escrito que toda persona que entrara sin autorización moriría aun siendo la reina. Antes que continúe, ¿has visto la película de Ester? ¡Si no la has visto la tienes que ver! ¡Es hermosa! Lo bueno de ver la película es que te ayuda a imaginar lo que Ester tuvo que pasar. Puedes ver la expresión de la gente, los gritos, los insultos, mas a ella nada la detiene. Con pasos lentos, temblorosos, continúa hacia el rey. ¿Te puedes identificar con Ester? La ley especifica que Dios es santo y que a causa de nuestro pecado no nos podemos acercar a Él. Ester logra llegar al rey, y mi pregunta es, ¿cómo pudo? ¿Cómo tuvo tanta valentía? Puedes pensar, seguramente ella lo amaba y el amor te da fuerzas para hacer lo que nadie se atreve a ser, y si tienes razón, pero hay algo más que necesitamos aprender de ella. Nosotras amamos a Dios pero necesitamos algo más. Seguro conocerás gente que dice amar a Dios y está lejos de Él porque no cree poder acercarse a Él...

Me puedo imaginar a Ester caminando hacia la corte, decidida a entrar por esas puertas de hierro. En los pasillos del palacio se escucha a la gente decir "no lo hagas, morirás". Ester está temblando, su mente le repite las frías palabras "vas a morir". Comienza a sentir temor, sus piernas parecen debilitarse, teme desmayar. No quiere arrepentirse, no quiere pensar en lo que está a punto de hacer. Ya está frente a las puertas, se secas sus lágrimas, respira profundo, cierra sus ojos y recuerda las palabras que el rey hablo a su oído la noche anterior, cuando le prometió que sería capaz de dar su vida por ella, trata de revivir ese momento, toma fuerza y empuja esas puertas. Los soldados asombrados no saben como responder, tratan de impedírselo, ¡reina no lo haga! Pero ella no se da por vencida, en cada paso que da, cada suspiro, me puedo imaginar su corazón latir más fuerte, ¡el rey me ama! Comienza a decírselo a ella misma y otro paso más, y otro más "el rey me ama, me ama, me ama". ¿Cómo pudo Ester pararse frente al rey? ¿Puedes estar ahí, sientes lo que ella siente? ¿Acaso crees que fue su belleza que le dio valentía? ¿Su peso o sus medidas? ¿Quizás sus joyas que brillaban más que el sol? ¿Puede ser? Yo no creo que su belleza o sus atributos hayan fortalecido a Ester en ese momento. No creo ni por un instante que Ester pensó, como soy linda, estoy en forma, mi piel huele a vainilla, al rey no le importara la ley, seré la excepción. El rey estaba rodeado de mujeres vírgenes bellísimas que tomarían su lugar en un segundo. ¿Qué fue entonces lo que le dio la valentía de ir cara a cara al rey, poner su vida en riesgo y hacer su petición? Lo que ella sabía y creía es lo que tú y yo necesitamos saber y creer. Ella sabía y creía que el rey la amaba, no era su belleza, no era su título lo que haría la excepción e invalidaría la ley. Ella sabía que fuerte era el amor del rey y que valiosa era ella para él. El amor haría la excepción. El rey se lo había confesado, se lo había demostrado más de una vez y ella le creyó, nadie podría ocupar su lugar. ¡Ella era su amor!

"Y el rey amo a Ester más que a todas las otras mujeres, y hallo ella gracia y benevolencia delante de él más que todas las demás vírgenes; y puso la corona real en su cabeza, y la hizo reina en lugar de Bastir".
Ester 2:17

DECIDE VALORARTE

No puedes amarte sin conocerte, cuando te conoces entiendes tu valor. Tienes un valor incalculable. Quiero que pienses por un momento esta gran verdad: El Padre más importante de todo el universo es tu padre. *"Mirad las aves del cielo, que no siembran, ni siegan, ni recogen en graneros; y vuestro Padre celestial las alimenta. ¿No valéis vosotros mucho más que ellas?"* (Mateo 6:26). Dios desea que descubras cuan valiosa eres para Él. ¡Dios te ama! ¡Eres hermosa! ¡Tu belleza es incomparable! ¡Eres muy especial! ¡Eres su hija! No son nuestros atributos, nuestro apellido, nuestra posición social o nuestros títulos los que le dan valor a nuestra vida, es su amor que nos da valor. Para Dios vales más que todo el oro del mundo y que todas las piedras preciosas. Dios no mando a su hijo a buscar un diamante, o una estrella caída pero si mando a su hijo unigénito por ti. Debemos amarnos y valorarnos por quienes somos. Somos creación de Dios, hijas de Dios y tenemos un gran valor. *"Porque a mis ojos fuiste de gran estima, fuiste honorable y yo te amé; daré pues hombres por ti, y naciones por tu vida. No temas porque yo estoy contigo"* (Isaías 43:4-5). El creador del cielo, las estrellas y todo el universo es tu Padre. Él no te desamparará. Tienes que saber y conocer cuán grande es su amor por ti. Su amor te enseñara amarte, a aceptarte, a valorarte y a respetarte. Dios es quien dice quien tú eres, el mundo no te conoce, por eso no puede ponerte valor. ¡No permitas que nadie te engañe! Dios realmente te conoce porque Él es tu creador...

"Para que habite Cristo por la fe en vuestros corazones, a fin de que, arraigados y cimentados en amor, seáis plenamente capaces de comprender con todos los santos cual sea la anchura, la longitud, la profundidad y la altura, y de conocer el amor de Cristo, que excede a todo conocimiento, para que seáis llenos de toda plenitud de Dios".
Efesios 3:17-19

¡Señorita Perfecta Levante La Mano!
Estaba con mis hijos visitando a mi familia en Texas y fuimos a la iglesia un día domingo a la mañana. En el momento de la adoración comencé a decirle, *"Dios te adoro, te adoro, te adoro porque eres perfecto... Tú eres perfecto, no hay nadie como Tú"*. No podía contener mis lágrimas, le adoraba con esas únicas palabras. El Espíritu Santo me iba restaurando mientras más repetía "Dios, Tú eres perfecto". Termino la adoración y sentía una paz inexplicable dentro de mí. No podía olvidar ese momento tan especial y sorprendida le pregunte al Espíritu Santo que me explicara, ¿por qué esa frase de adoración me ministro tanto? ¿Por qué había

recibido tanta paz al declarar esas palabras? ¿Y cuál era el peso que se fue de mi alma? Recordé que antes de llegar a la iglesia me sentía muy desanimada, aburrida, triste... Ni siquiera sabía por qué me sentía así. No había tenido tiempo de interrogarme como acostumbro hacerlo. Luego trate de hacer memoria y me acorde que no había podido lograr lo que me había propuesto, no había cumplido con mis expectativas. Por si no lo sabías, siempre cargo una lista en mi mente, "Débora, tienes que comportarte así, ser así, sentirse así, hablar así". Sin darme cuenta estaba resentida conmigo misma esa mañana. ¿Te ha pasado alguna vez? No te puedes perdonar y ni siquiera intentas dialogar contigo misma. Los días pasan, te olvidas y luego te preguntas, ¿por qué me siento de mal humor? No me soporto, necesito vacaciones de mi misma. ¡Ten cuidado de pensar así! Es una trampa...

> *"A su alma hace bien el hombre misericordioso;*
> *Mas el cruel se atormenta a sí mismo".*
> *Proverbios 11:17*

Esa mañana Dios sabía exactamente como me sentía, aún cuando yo ignoraba porque estaba desanimada, Él sabía. ¡Cuánto amo a Dios! Él nos conoce, Él sabe exactamente el diagnostico de nuestra alma y la medicina para darnos. El Espíritu Santo luego me explico, *"Débora, tú tienes la tendencia en tu personalidad de querer siempre agradar a todo mundo, te pones grandes expectativas en como tratar a los demás".* Pero ¿qué hay de malo en eso? Él me respondió muy dulcemente, *"no eres perfecta"*. En otras palabras "estas aprendiendo niña, te vas a equivocar". Entendí que la razón por la cual esas palabras me ministraron tanto es porque le recordaba a mi alma que *"solo Dios es perfecto"* y que me puedo equivocar. ¿Por qué me alarmo tanto cuando me equivoco si no soy perfecta? No soy la hija perfecta, no soy la esposa perfecta, no soy la madre perfecta, no soy la amiga perfecta, no soy la pastora perfecta... ¡No soy perfecta! ¡Me puedo equivocar! Te invito a decírtelo en vos alta, es refrescante recordártelo: ¡No soy perfecta! ¡Me puedo equivocar! Otra vez me lo repetiré a mí misma: ¡No soy perfecta! ¡No soy perfecta! ¡No soy perfecta! Si creo inconscientemente que tengo que ser perfecta y que no me puedo equivocar, me estoy mintiendo a mí misma (otra vez me voy a desilusionar). Lo triste es que por mantener esta clase de imagen viviré toda la vida enojada conmigo misma y me será súper difícil perdonarme y perdonar a otros por sus errores. Dios quiere que te perdones y que te des otra oportunidad, así como Él te la da todos los días. ¡Regálate misericordia! Estas creciendo, estas aprendiendo, estas madurando... ¡Sólo Dios es perfecto!

"Si Dios nos pidiera perfección,
nos hubiera dado la habilidad de ser perfectas".

Si fallas vuélvelo a intentar otra vez, aprende, crece y madura. No te castigues, no te detengas, no te límites. Dios prometió ayudarte. Dile a tu alma que no se escandalice, que aprenda a perdonarse... ¡porque solo Dios es PERFECTO y Él es el único que nos puede perfeccionar!

"Más el Dios de toda gracia, que nos llamó a su gloria eterna en Jesucristo, después que hagáis padecido un poco de tiempo, él mismo os perfeccione, afirme y establezca". 1 Pedro 5:10

DECIDE PERDONARTE

Dios tuvo que tratar conmigo en esta área de exigirme a mí misma perfección como tú ni te imaginas. Quizás sea porque soy la mayor de ocho hermanos (dicen los expertos que tiene mucho que ver el orden de nacimiento). De niña siempre observaba la gran responsabilidad que éramos para mamá y aunque no siempre me disponía ayudar, consideré no darle más trabajo de lo que ya tenía con todos nosotros. Tal vez inconscientemente pensaba, si me porto mal quizás mami se arrepienta de tener tantos hijos y comience a regalar algunos, y como siempre los pequeños son más bonitos tal vez empiece con la primera (sólo un chiste mamá). Me hacía muy feliz cuando le escuchaba decir a mi madre, que su hija no le causaba problemas y no quería perder esa reputación. Quizás tenga que ver también que soy hija de pastores y siempre pude ver los ojos de la congregación observándome, aunque mis padres nunca me pidieron ser ejemplo o modelo, para mí siempre fue mi mejor demostración de amor y respeto hacia ellos, tener siempre el mejor comportamiento posible. Hasta el día de hoy me comporto mejor si conoces a mi padre (sólo un chiste papá). Quizás el "exigirme" este en mis genes, quizás... Mamá me cuenta que a los dieciséis meses de edad cuando mi hermana Lorena era recién nacida un día la tome de su cama en mis brazos y se la lleve a donde ella estaba. No sabía ni hablar, apenas podía caminar, pero quería ayudarle. Amo a mi hermana Lorena, seguro pensé ¡la bebé quiere estar con mamá y me amara más si le hago este favor!. Tendría que preguntarle a mamá si cuando era bebe juntaba mis juguetes y me cambiaba mis propios pañales. No creo, pero no tengo la mínima duda que seguro lloraba porque quería hacerlo. Mamá me cuenta que cuando era pequeña, me compraba caramelos y yo los repartía a todos los niños hasta quedarme sin ninguno. ¡Espero no haya sido porque no me gustaban! (¿Por qué siempre las mamas cuentan sólo las buenas cosas de uno?). Entiendo que de niña me gustaba ayudar, siempre fue un gran placer sentirme útil y producir felicidad en otros, pero no sé exactamente cuando ese placer de complacer a los demás se convirtió en una obligación para mí. ¿Cuando comencé a exigírmelo? ¿Cuándo se convirtió en perfeccionismo? Quizás algún día creí que Dios y la gente me amarían más, y me aceptarían más, si fuera perfecta...

> *"¿Busco ahora el favor de los hombres, o el de Dios? ¿O trato de agradar a los hombres? Pues si todavía agradara a los hombres, no sería siervo de Dios".* Gálatas 1:10

Esta ansiedad, este miedo a fallar, no sé cuándo comenzó, pero si sé el día que se terminó. Leí una palabra que cambio mi manera de pensar en Mateo 9:13 *"Id pues y aprended lo que significa: Misericordia quiero y no sacrificio. Porque no he venido a llamar a justos, sino a pecadores, al arrepentimiento".* Esa tarde cuando leí este versículo Dios hablo a mi corazón y me dijo: "¡No te culpes más! Quiero que seas misericordiosa". "Señor, Tú sabes que tengo misericordia, Tú sabes que perdono, Tú sabes que ayudo a los demás". Él me contesto, "¡quiero que también tengas misericordia contigo misma Débora!". Dios no está esperando perfeccionismo de nosotras, no está buscando sacrificios humanos, imposibles ¡no! Dios está buscando un corazón que le ame, que sepa aceptar sus errores y que siempre le dé lo mejor que tiene. Sino lo tienes dentro de ti, no podrás darlo.

> *"Porque yo Jehová, soy tu Dios, quien te sostiene de tu mano derecha, y te dice: NO TEMAS, YO TE AYUDO".*
> Isaías 41:13

No hay nada que impresione a Dios, Él conoce todas las cosas. Él te conoce a ti y sabe exactamente de lo que eres capaz mejor que tú misma. Tampoco pierdas el tiempo en querer impresionar a la gente, porque te será imposible agradar a todos. Entre la gente que conozcas durante toda tu vida existirán aquellos que nunca les vas agradar, no importa cuánto intentes complacerles, no importa cuánto hagas por ellos, son personas que no se aprueban a ellas mismas y les es imposible aprobar a los demás. Así que perdónales y continúa con tu vida. Procura siempre dar lo mejor de ti. Has lo mejor que puedas con lo que tienes, y te darás cuenta cuanto Dios te ha dado. ¡Disfruta quien tú eres!

Dichosa la persona que se ríe de sí misma
porque nunca le faltara diversión.
Anónimo

¡Cuidado! ¡Estoy Bajo Construcción!
Una joven se acercó a mi después de una reunión con timidez y vergüenza me dijo: "Pastora, tengo depresión y no entiendo porque. Tengo una familia que me ama, no me hace falta nada, por favor ore por mí, no tengo razón porque sentirme así ¿es tonto verdad?". Le conteste "¡No mi amor, tu tristeza no es tonta, tiene que haber algún motivo!". "No, no lo hay" respondió muy segura. Le comente algo que me había explicado una vez un médico. El cuerpo humano habla cuando está bajo estrés, cuando tiene una infección, o algún órgano no está funcionando bien, tu cuerpo empieza a demostrártelo, sientes cansancio, falta de apetito, fiebre, malestar, dolor, etc. ¿Por qué? Porque es necesario que te des cuenta y hagas algo al respecto. ¿Que tú haces? No te quedas en tu casa diciendo ¡este síntoma que tonto que es! ¿No verdad? Vas al médico y como él tiene conocimiento del cuerpo humano, tiene instrumentos que le ayudaran a detectar de donde proviene el síntoma, te dará un diagnóstico, te explicará lo que el cuerpo te quiere decir y luego te mandara a comprar una medicina o te dirá que tienes que hacer para tu recuperación y mejoría. Los síntomas del cuerpo no son para que los ignores, aún más, se pueden poner más graves y hasta pueden ser fatales si no los atiendes rápido. De la misma manera el alma nos habla, siente alegría, siente satisfacción, como también siente enojo, tristeza, etc. Le dije a esta joven: "Tú tienes que hablar con el especialista de almas. Tu depresión es un síntoma, algo está mal en tu alma, pregúntale a Dios y

Él te dirá que es y qué hacer". Cuando le comencé hablar del amor de Dios, esta joven comenzó a llorar y cuando termine de hablar me dijo, "Yo no me perdono. No me perdono fallarle a Dios. Yo conozco la verdad, yo sé lo que debo hacer. No entiendo porque me equivoco. No quiero equivocarme. Yo amo a Dios con toda mi alma". El Espíritu Santo mientras hablábamos le había revelado cual era su diagnóstico. No me había dado cuenta que el lugar donde estábamos paradas se había transformado en su consultorio. Dios no pierde tiempo para atender a sus pacientes. Le dije: "Tu amor no es perfecto, vas a fallarle Dios". Esa aguja penetro en su alma y en la mía, sentí el ardor que ella sintió y comencé a llorar con ella. Me dolió tanto, el sólo pensar que puedo ser capaz de fallarle a Dios que me ama tanto. Era Dios en ese momento hablándome a mí también (porque cuando tú sirves a tu prójimo Él te sirve a ti). Le dije: "Yo sé que no quieres desobedecerle, yo sé qué harás todo lo posible para no fallarle otra vez, yo tampoco quiero negarle. Pero no puedes pensar que nunca más fallaras, porque si mañana tropiezas esa manera de pensar no te dejara levantarte, te impedirá acercarte a Dios, te sentirás indigna, porque creíste que no podías fallarle nunca más". Somos imperfectas y nuestro amor no es perfecto, tiene defectos. ¡El único que no puede fallar es Dios! Perdónate a ti misma y date otra oportunidad porque Dios ya te la dio el momento que te arrepentiste.

**DISCÚLPA POR LA TIERRA Y EL POLVO,
LA OBRA EN MI NO HA TERMINADO.
¡ESTOY BAJO CONSTRUCCIÓN!**

¿Qué piensas que sintió Pedro cuando Jesús le advirtió que le negaría? Él respondió *"No señor, yo nunca te voy a fallar"* (Marcos 14:66-72). Pedro era consciente de cuanto él amaba al Maestro y para él era imposible fallarle. "No, no, nunca… yo te amo". Ahora, quiero que veas lo que escribió Juan, el otro discípulo de Jesús. Mira como él se describe así mismo en Juan 13:23 *"Y uno de sus discípulos, al cual Jesús amaba, estaba recostado al lado de Jesús"*. Juan era más consiente de cuanto Jesús le amaba a él en vez de cuanto él amaba a Jesús. Juan fue el único discípulo que estuvo presente el día de la crucifixión de Jesús, el único que no escapo. ¿Qué puedo aprender de estas dos historias? Que si deseo serle fiel a Dios tengo que enfocarme en cuanto Él me ama a mí en vez de cuanto yo le amo a Él. Puedes poner tu nombre en el espacio y decirte una y otra vez:

"Dios ama a _____"

Te soy sincera, yo también era más consiente de cuanto amaba a Dios. Mi enfoque siempre era "no puedo equivocarme, no puedo, no puedo equivocarme, YO amo a Dios". Estaba concentrada en que amaba a Dios y en que tenía que amar a Dios cada día más. Hasta que entendí que estaba equivocada. Si quiero amar a Dios más que ayer debo conocer su amor por mí, cuanto Él me ama, cuanto Él me anhela, cuanto Él me cuida, cuanto le importo y cuando conozca la anchura y la profundidad de su amor por mí, mi amor por Él crece…

¡Ten cuidado! El orgullo siempre nos hace sentir autosuficientes, como que sabemos sobre todo y que podemos con todo. Pero no permitas que te gobierne el orgullo. Recuerda que Dios quiere que seas humilde. Humilde significa depender de Él. Depende hoy de su gran amor por ti…

Dios no quiere que te condenes, Él quiere que te perdones, porque Él ya te perdono. Olvida el pasado, sea lo que sea, ya pasó. Aprende de tus malas decisiones y continúa. *"No os acordéis de las cosas pasadas, ni traigas a memoriales cosas antiguas. He aquí que yo hago cosa nueva;*

pronto saldrá a luz" (Isaías 43:18-19). Luego que Jesús resucito, volvió a ver a Pedro y lo único que le pregunto fue ¿me amas? Nosotras seguro le hubiéramos ignorado o interrogado por horas ¡pero Jesús no! Él ya sabe porque dudaste, Él ya sabe porque hiciste lo que hiciste, Él sabe que tu amor no es perfecto y que estas aprendiendo, Él sabe absolutamente todo y ni siquiera necesita escuchar todas tus razones ¡porque Él ya las sabe! Sólo quiere escucharte responder una sola pregunta ¿aún le amas? Si le amas te arrepentirás genuinamente y aprenderás de tus errores. Eso es todo lo que Dios espera de ti. Un corazón que esté dispuesto hacer moldeado por Él. Como el barro en las manos del alfarero. Todas conocemos la historia de Pedro cuando negó a Jesús, pero quiero recordarte que ese no fue su final.

Jesús te ama más de lo tú te puedas imaginar...

Dios No Es Masoquista
Hay veces que creemos inconscientemente que Dios recuerda con lujo de detalle todas nuestras faltas y es por eso que no nos acercarnos a Él. Sentimos vergüenza y creemos que Él nunca se olvidara de nuestro error. Cuando debemos entender que Dios no es "masoquista". ¿Qué quiero decir? ¿No has conocido gente que le gusta recordar siempre su sufrimiento? Gente que guarda fotos, ropa u objetos que le recuerdan de momentos dolorosos en sus vidas, traiciones, engaños, enfermedades, etc. Yo era una de esas, una vez tenía un camisón que había estrenado en el hospital donde me operaron, y cada vez que lo veía me recordaba que dolorosa había sido esa operación y era como vivir ese momento otra vez. Un día me di cuenta del mal que me estaba haciendo a mí misma y dije ¡no más! Lo tire a la basura y nunca más recordé ese momento difícil en mi vida. No tengo tiempo para estar triste...

¿Qué es ser masoquista? Permitir que abusen de uno, o uno mismo golpearse y lastimarse porque sí. ¡Ya paso! ¿Por qué vivir otra vez el momento de dolor? ¿Cuál es la cualidad principal de una persona masoquista? Que no se ama. ¿Te imaginas a alguien golpeándose todo el tiempo? Dirías, esa persona se odia, se detesta ella misma. Es por eso que tú tienes que saber que Dios no es masoquista, Dios se ama así mismo. Si Él tuviera presente todo lo que le hiciste sufrir en el pasado, le causaría dolor otra vez. Si le has pedido perdón y has aprendido de ese error para no volver a equivocarte con lo mismo, Dios ya lo olvido. ¿O piensas que Dios está sentado en su trono castigándose así mismo recordando tu pasado? ¡No! Dios elije no recordar tus pecados, tus faltas, tus errores por amor así mismo, *"perdonare la maldad de ellos, y no me acordare más de su pecado"* (Jeremías 31:34).

"Yo, yo soy el que borro tus rebeliones
POR AMOR A MI MISMO,
Y NO ME ACORDARE DE TUS PECADOS".
Isaías 43:25

Ahora ¿haga lo que haga Dios me sigue amando? ¡Sí! ¿Aunque esté haciendo lo incorrecto? ¡Sí! Dios no puede dejar de amarnos. Nosotras le dejamos de amar a Él cuándo abusamos de su amor, su misericordia y su perdón, pero Él nunca nos dejará de amar. El pecado nos aleja de Dios y nos hace infelices. El pecado trae muerte a nuestras vidas. ¡Es nuestra decisión! No puedo vivir cómoda con el pecado, así nunca seré feliz. Cuando uno decide caminar en la luz Dios nos ayuda, Él quiere que caminemos con Él. Dios quiere que tengamos vida. Dios quiere que decidas ser feliz. *"Arrepentíos y convertíos, para que sean borrados nuestros pecados; para que vengan de la presencia del Señor tiempos de refrigerio"* (Hechos 3:19).

Dios No Ha Terminado Contigo

D. L. Moody dijo una vez: ¿Sabes que significa la palabra "justificado"? Que puedo pararme delante de Dios sin mancha ni arruga, sin pecado. Dios mira su Libro de cuentas y dice: (pon tu nombre aquí) No tengo ninguna cuenta contra tuyo. Todas fueron pagadas por otro.

Tengo paz en mi corazón, no hay condenación, ni culpabilidad, ni temor; no porque sea inocente, sino porque he sido perdonada. Sé que no puedo esconderle nada a Dios y que Él todo lo sabe de mí. Puedo estar confiada, en paz con Dios, porque aunque en ocasiones me distraiga y me equivoque, Dios sabe que no me daré por vencida y que lo seguiré intentando hasta el día en que Él me perfeccione por completo. Cada día puedo ver su mano moldeándome, Él no ha terminado conmigo. Doy Gloria a Dios, ¡no estoy donde estaba ayer! *"Estoy convencida de esto: el que comenzó tan buena obra en ustedes la irá perfeccionando hasta el día de Cristo Jesús"* (Filipenses 1:6).

¿Qué Dibujo Es Más Bonito?

Una mañana intentaba hablar con Dios, pero no me salían palabras, no sabía que decirle. ¿Cómo le explico a Dios lo insatisfecha que estoy conmigo misma? Me gustaría tanto que Él me arreglara en un segundo y que nunca más le tuviera que pedir perdón por pensar lo incorrecto, porque se me escaparon algunas palabritas que no tenía que decir, por haber cerrado mi mano cuando tenía que dar. ¡Quiero que me arregle! ¡Quiero madurar! Dios no me condena, soy yo la que quiero que mi vida sea más bonita para Él. Como dijo el Apóstol Pablo, *"Porque no hago el bien que quiero, sino el mal que no quiero, eso hago"* (Romanos 7:19). Estaba en la sala de mi casa sentada en el sofá y de repente mi mirada se concentró en dos pinturas que tenía frente a mí. Una de las pinturas fue hecha por mi hija mayor Kaylen y la otra por mi hija menor Kristen.

Kaylen había pintado nuestra familia y Kristen también (en ese entonces Kristen tenía cinco años). En ese momento escuche la voz de Dios en mi interior *"Débora, ¿cuál pintura es más hermosa?"*. Ni siquiera tuve que mirarlas dos veces, enseguida respondí: "Señor, las dos pinturas son bellísimas para mí". Me dijo: "¡Míralas bien! ¿No es una mejor que la otra?". Le dije: "Señor, cada una de ellas ha hecho lo mejor que pudo. No puedo compararlas, las dos son mis hijas y además Kaylen es mucho mayor que Kristen". Me dijo: *"Entonces ¿por qué te comparas? ¡Si yo no te comparo! No eres igual a ningún otro hijo o hija que tengo. Eres mi niña y cuando yo veo lo que haces para mí lo veo hermoso, nunca te comparo con nadie"*.

Ahora, te pregunto: ¿Qué pintura es más especial para ti, aquella que dibujo tu hijo pequeño o la que pinto la vecina? Nunca olvides esta gran verdad, *¡para Dios somos especiales por quienes somos y no por las cosas que logramos hacer muy bien!* Por supuesto que intentare todos los días de aprender, madurar y hacer lo mejor que pueda, pero ya no lo hare con la motivación de llamar la atención de Dios porque ya la tengo. ¡Ya soy especial! ¡Soy su hija!

"Anda, y come tu pan con gozo, y bebe tu vino con alegre corazón; porque tus obras ya son agradables a Dios". Eclesiastés 9:7-10

DECIDE NO COMPARARTE

Desde ese día ya no me condeno como antes y trato en todo lo posible de no compararme con nadie. He comenzado aceptar mis limitaciones cada día un poquito más y a consecuencia me amo más. Cuando sea más grande algunas cosas me serán más fáciles. Siempre me recuerdo, ¡estas creciendo niña! Mañana lo intentaras otra vez y te saldrá mejor. No mires a ver quién lo hizo mejor que tú para compararte y regañarte. Siempre les digo a mis hijos que la clave para hacer algo mejor es la práctica. Hazlo otra vez, y otra vez, y otra vez... No te frustres, vuélvelo a intentar. Solo imagínate la cara de Dios cuando mire lo que tú haces por Él y veras como sonríe. Seguro le dice a sus ángeles ¡este dibujito me lo hizo mi hija! ¡Miren que hermoso! Dios es feliz contigo.

La frustración toma existencia cuando lo dejas de intentar...

¿Sabrá Dios lo que quise dibujarle hoy? me pregunto. Mejor se lo explico, "lo que quería que supieras con este dibujo es que me gusta mucho cantarte". Yo sé que Dios pondrá mi dibujo al lado de mis hermanos mayores y los vera a todos bellos. Ya no te condenes más, ni te compares con los demás. *"Ahora, pues, ninguna condenación hay para los que están en Cristo Jesús, los que no andan conforme a la carne, sino conforme al Espíritu"* (Romanos 8:1). Eres única y Dios no te compara con nadie. En vez de preguntarte ¿por qué no me salió mejor? ¿Por qué siempre me equivoco? Pregúntate, ¿le estoy dando a Dios lo mejor de mí? ¿Lo hago con amor? ¿Qué le gustaría a Dios que le dibuje esta mañana? Lo intentare otra vez...

No te compares con nadie. Siempre existirá alguien que tenga algo mejor que lo que tu posees, siempre habrá alguien más experto que tú en lo que haces y está bien. Todos somos diferentes y todos estamos creciendo. No pierdas el tiempo en compárate con ellos, nunca te hará sentir bien. Observa lo que ocurre alrededor tuyo no para compararte sino para aprender. Disfruta el proceso de crecer, de preguntar, de descubrir. Cuando no te comparas eres libre para observar, eres libre para construir, eres libre. No estas compitiendo con nadie, entonces eres más humilde, y la arrogancia de creerse más que los demás desaparece, porque vives sin comparación. ¡Eres única!

La frustración viene a nosotras como resultado de la comparación. Nos sentimos menos por no poder haber logrado lo que otros tienen y por no ser como la persona que nos gustaría ser ¡no te compares amiga! Mientras sigamos comparándonos el miedo tendrá el control de nuestras acciones y lo que hagamos nunca será suficiente. Hasta podemos sentirnos rechazadas por la gente porque no somos como aquellos con quien nos comparamos. Sin embargo el no compararte, te hará sentir más segura, más sensible y más apasionada por lo que haces. Descubrirás que es posible llegar más allá de lo que tú te imaginabas que podrías alcanzar… ¡No te compares!

Las Cosas Más Bellas de La Vida
¿Sabes quién dijo: "Mantén tu rostro hacia la luz del sol y no verás la sombra"? ¿O alguna vez has oído, "las cosas más bellas y mejores en el mundo, no pueden verse ni tocarse pero se sienten en el corazón"? Esto lo dijo Hellen Keller, es increíble como una persona discapacitada como ella pudiese haber llegado a desarrollarse como una mujer brillante, alegre y feliz. Seguramente si ha existido una persona de la cual se pudieran haber esperado quejas de infelicidad era ella. Por causa de una fiebre cuando tenía tan solo 19 meses de edad quedó ciega, sorda y muda, privada del conocimiento de una comunicación normal con las personas que la rodeaban. Tuvo solamente el sentido del tacto para ayudarla a tender la mano a los demás y experimentar la felicidad de amar y ser amada. Pero gracias al amor de una brillante maestra que le enseñó a comunicarse, esta muchachita ciega, sorda y muda llego a ser la primera persona sorda en graduarse de la universidad.

En 1913 llego a dar su primer discurso en público, en este punto ya podía sostener conversaciones, y cada día mejoraba su pronunciación. En 1915 fundo Helen Keller Internacional, una organización sin fines de lucro para la prevención de la ceguera. Por esto Helen y su maestra viajaron a más de 39 países. Escribió 11 libros en total y fue autora de numerosos artículos. En este punto Helen ya era conocida en todo el mundo, sus libros eran traducidos a muchos idiomas y adaptados para ciegos. En 1932, llego a ser la Vicepresidente del Instituto para ciegos del Reino Unido. Le interesaba mejorar la situación de las personas ciegas, así que recaudo fondos para formar asociaciones para ciegos. Recibió títulos honoríficos y condecoraciones en diversos países. En 1964 el presidente Johnson le recompenso con la Medalla Presidencial de Libertad, el mayor honor estadounidense para ciudadanos.

No hay duda que Helen era única, extremadamente inteligente, sensible y dedicada. Fue la primera persona sorda, ciega y muda que ha demostrado a las personas lo que ha sido capaz de hacer con su vida. Pero no es la única persona con discapacidad que ha tenido éxito. Simplemente es la más conocida. Si ella pudo y se esforzó…. ¿Por qué nosotras no? ¿De qué nos quejamos?

Querida amiga, cuida tu corazón. No te compares, no busques razones para ser infeliz. Decide ser tú misma, esfuérzate a dar siempre lo mejor de ti. Se agradecida con todo lo que tienes y disfruta todo lo que más puedas. Ríe, ríe mucho, contagia a otros con tu alegría. *"El corazón alegre embellece el rostro, pero el dolor del corazón abate el espíritu"* (Proverbios 15:13). Acéptate tal como eres, perdónate y olvida lo que no te hace bien recordar. No te critiques, no te acuses, no te insultes. No te compares con nadie, eres única. Ten misericordia y paciencia contigo misma. Serás muy feliz cuando aprendas amarte a ti misma y te será mucho más fácil amar y aceptar a los demás. ¿Estás lista? Hoy puedes decidir amarte como Dios te ama, escribir un nuevo capítulo en tu vida y cambiar el rumbo de tu historia… ¡sé que serás muy feliz!

"Así dice Jehová tu Creador, el que te hizo: No temas porque Yo te he rescatado, te he llamado por tu nombre, tú eres mía".
Isaías 43:1

CARTA A DIOS

Padre, enséñame amar como Tú amas, quiero tener Tú corazón. Enséñame a ser paciente y bondadosa, no quiero ser envidiosa, no quiero ser orgullosa, no quiero comportarme con rudeza, no quiero ser egoísta. No quiero enojarme fácilmente y no quiero guardar rencor. Enséñame a deleitarme en la verdad. Quiero ser rápida en disculparme. Quiero creer en Ti y saber esperar por todo lo bueno. Enséñame a ser valiente como Tú. Pero sobre todas las cosas revélame tu gran amor por mí...para que nunca me aparte de ti.

Tu Hija Amada

Tercera Parte
Amar a Tu Prójimo

CAPITULO 7

Un Camino Más Excelente

"Encamíname en tu verdad, y enséñame,
Porque tú eres el Dios de mi salvación;
En ti he esperado todo el día".
Salmos 25:5

No sé mucho de computadoras, pero mi esposo siempre me recuerda que limpie la mía. Que borre todos los archivos viejos para poder tener espacio para bajar todo lo nuevo y para que mi computadora sea más rápida. Esto me recuerda a nosotras. Todas queremos ser felices, tener espacio en nuestro corazón para amar mucho y ser rápidas en perdonar pero ¿cómo? Bueno, podemos comenzar por limpiar nuestra mente, como dice en Romanos 12:2 *"No os conforméis a este siglo, sino transformaos por medio de la renovación de vuestro entendimiento, para que comprobéis cuál sea la buena voluntad de Dios, agradable y perfecta".* Cada una de nosotras tenemos un archivo viejo en nuestra mente que no nos hace nada bien, tenemos recuerdos tristes, falta de perdón, algunas ofensas pendientes. En Efesios 4:22 al 24 dice: *"En cuanto a la pasada manera de vivir, despojaos del viejo hombre, que está corrompido por los deseos engañosos, renovaos en el espíritu de vuestra mente, y vestíos del nuevo hombre, creado según Dios en la justicia y santidad de la verdad".* Todos tenemos una vieja mentalidad. Una vieja manera de pensar, de actuar y de hablar. Pero tengo buenas noticias para ti ¡puedes renovar tu mente! Dios nos enseña a despojarnos de todo lo viejo y recibir todo lo nuevo que Él tiene para nosotras. Él te quiere enseñar un nivel más excelente de amor que el que nosotras conocemos. Existe la mejor versión de amor que tú puedes bajar a tu corazón (como bajas programas nuevos en tu computadora). ¡Interesante! Pero para amar con ese amor perfecto, tenemos que estar dispuestas a borrar todos los archivos viejos y recibir esta nueva información que nos va actualizar, nos va ayudar, nos va a cambiar y nos va hacer muy feliz. ¿Estás lista?

El Apóstol Pablo dice en 1ra Corintios 12:31 NVI *"Ahora, les voy a mostrar un camino más excelente".* La palabra "camino" en la Biblia se menciona varias veces refiriéndose a la palabra "decisión". ¡Todo comienza con una decisión! Y la decisión más excelente que el Apóstol Pablo nos enseña es amar con "el amor de Dios" (1 Corintios 13). Nuestra vida está basada en las decisiones que tomamos, y una decisión excelente para vivir una vida plena y feliz es amar como Dios nos ama. La excelencia no es un don o un gen hereditario, es una decisión en el individuo. Una decisión excelente, siempre garantiza resultados excelentes. Uno no puede caminar por dos caminos, debes escoger. Quizás digas ¡eso es imposible! ¿Amar como Dios? Mi pregunta es, ¿lo has intentado? ¡Hoy puede ser tu día!

Hace un tiempo leí la historia de un niño que tenía siete años cuando su madre en un momento de ira y por algo sin importancia le grito: "Nunca te quise. La única razón por la que te tuve fue para retener a tu padre. Pero de todos modos se fue. Te odio". Pasaron los años, el niño fue creciendo pero su madre nunca estaba feliz con él, siempre encontraba faltas en todo lo que él hacía. Un día el joven muchacho le confeso a un concejero y le dijo: "No recuerdo cuantas veces en los últimos años he revivido esa experiencia. Quizás miles. Pero hace poco me puse en los zapatos de mi madre. Ella era una estudiante, sin habilidades, sin dinero, sin trabajo, sin familia y con un niño el cual tenía que mantener. Entendí lo sola y deprimida que debió sentirse. Pensé en la ira y el dolor que debió sentir y pensé en cuanto le recordaba el fracaso de sus esperanzas. De modo que un día decidí visitarla y hablar con ella. Le dije que comprendía su dolor y que la amaba. Ella se derrumbó y ambos lloramos. Fue el principio de una nueva vida para ella y para mí, para ambos".

La mejor decisión en nuestra vida es amar...

Sé que no es fácil borrar esos archivos tristes, dolorosos y vergonzosos. No sé porque tenemos la tendencia de ignorarlos, esconderlos y taparlos con el tiempo cuando en realidad nos están enfermando. Dios quiere que seas libre y que seas feliz, sé que con la ayuda de Dios tú puedes perdonar todo pasado triste y aprender amar a quien te hizo tanto daño. La falta de perdón impide que seas feliz, te esclaviza a tu pasado, es como una enfermedad que comienza a destruirnos de adentro para fuera.

La Palabra de Dios en 1 Corintios 13:4 al 7 NVI dice:

"El amor es paciente, es bondadoso. El amor no es envidioso ni jactancioso ni orgulloso. No se comporta con rudeza, no es egoísta, no se enoja fácilmente, no guarda rencor. El amor no se deleita en la maldad sino que se regocija con la verdad. Todo lo disculpa, todo lo cree, todo lo espera, todo lo soporta".

¡No te conformes con tu vieja manera de ser! Si quiero ser feliz debo aprender amar como Dios me ama a mí. Tiempo atrás cuando leía 1ra Corintios 13, yo pensaba que ese capítulo sólo me enseñaba las cualidades del amor, pero si tú cambias la palabra "amor" mencionada en los versículos te darás cuenta que son también las cualidades de Dios, porque Dios es amor (1 Juan 4:8). Dios es paciente y bondadoso, Dios no tiene envidia; Dios nunca deja de ser...

DECIDE AMAR CON SUS OJOS

Es tan hermoso amar y ser amado, aceptar a los demás y ser aceptado. Dios me ha enseñado que si quiero amar como Él (sin hacer acepción de persona), mi amor no ve va alcanzar... no es suficiente. El amor que yo siento por los demás es siempre refringido, limitado, insignificante comparado al amor de Dios. Tengo que recibir de su amor y aprender amar como Él ama para poder intentarlo. Es mi decisión amar todos los días un poquito más que ayer, un poquito más como Dios nos ama. Él me ha enseñado a verme por sus ojos. En mi celular tengo como foto de portada, una foto de cuando tenía siete años aproximadamente. No tengo muchas fotos de cuando era niña y esa foto me hace muy feliz. Mi primo Fernando la encontró entre sus fotos, estábamos en la fiesta de su cumpleaños. El día que la vi Dios me hizo entender que Él me continúa viendo así "soy su niña", para su amor no he crecido. Su amor es como ese amor que sentimos por los pequeños. Su amor es paciente, misericordioso, perdona fácilmente. Una vez que entendí que Dios me ve como una niña y me ama como una niña, ese día fue inevitable ver a todos los adultos como niños ¡fue divertido! Comencé a imaginarme especialmente aquellas personas que no entendía, que no eran de mi agrado, que me habían lastimado, que sinceramente me eran más difícil de amar y pude entender como Dios les ama y los pude amar. ¿Te ha pasado alguna vez que algún niño te responde mal, tiene un mal comportamiento o una actitud desagradable contigo? ¿Te ofendes con él? No por mucho tiempo ¿verdad? ¿Le negarías un pedazo de pan si tiene hambre? ¿Le negarías un abrazo si tropieza y cae? ¿Por qué perdonamos tan fácilmente a los niños? ¿Por qué preferimos recordar los buenos momentos con ellos y olvidar los no tan buenos? Porque son pequeños, son inmaduros, se dejan llevar por sus emociones, y aunque en ocasiones pueden ser traviesos y un poco rebeldes, no les dejaremos de amar por su inmadurez. Ahora, simplemente porque tengamos algunas canas, un trabajo y nos llamen "señora" no nos hace maduras. La próxima vez que un adulto no se comporte como debería contigo, ¿por qué no cambias tu perspectiva? Míralo como un niño. Si lo ves como Dios lo ve te darás cuenta que solo es inmaduro… ¡ten paciencia! Hay niños que maduran más rápido que otros… ¡no te enojes con ellos! ¡Ninguno es mejor que otro! ¡Todos estamos creciendo!

Hay veces que somos traviesas y no nos comportamos tan bien como deberíamos, pero Dios nos sigue amando y no se arrepiente de amarnos, con paciencia nos corrige y todos los días nos enseña a comportarnos mejor, "somos sus niñas". Después de esa experiencia a menudo cuando me encuentro con un cristiano un poco rebelde y caprichoso me río con Dios y sonriendo le digo ¡que paciencia que tienes con este niño! y Él me recuerda "¡Si Deborita, como la tengo contigo mi niña!"

DECIDE AMAR COMO LA PRIMERA VEZ

¿Recuerdas de alguien que te fue de mucho agrado cuando le conociste por primera vez? ¿Recuerdas lo que sentías por esa persona? Que fácil era amarle al comienzo cuando no conocías su pasado, sus debilidades, sus equivocaciones, su personalidad o su carácter. Sólo sabias su nombre, las cosas buenas que había hecho y lo agradable que era contigo en ese momento. Pero luego al pasar el tiempo, cuando conociste mejor a la persona tu amor comenzó a menguar. ¿Verdad? ¿Por qué? Porque nuestro amor es condicionado. Un día Dios me dijo: *"Mi amor es como ese amor ciego que tú sientes la primera vez que conoces a alguien de tu agrado. Te amo sin tener presente lo que hiciste, mi amor siempre ve lo mejor en ti"*. Esa semana tuvimos una reunión de líderes en nuestra iglesia, ministré sobre este tema y terminamos todos saludándonos como si fuera la primera vez que nos veíamos. Prometimos dejar atrás toda ofensa y perdonarnos unos a otros, darnos una nueva oportunidad como Dios lo hace a diario con nosotros. Una nube de amor lleno el salón y esa tarde pudimos amarnos como Dios nos ama ¡como la primera vez!

¡Enséñame tu amor, quiero aprender amar como Tú amas!

¿Puedes poner tu nombre en vez de la palabra amor?

_____ es paciente y bondadosa,
_____ no es envidiosa;
_____ no es jactanciosa,
_____ no es orgullosa,
_____ no se comporta con rudeza,
_____ no es egoísta,
_____ no se enoja fácilmente,
_____ no guarda rencor,
_____ no se deleita en la maldad, sino en la verdad.
_____ todo lo disculpa,
_____ todo lo cree,
_____ todo lo espera,
_____ todo lo soporta.

¿Cuánto te falta para amar como Dios? Lo he intentado varias veces y continúo intentándolo aún. Si no sacaste un 100 en éste examen,

¡tranquila! Mañana tendrás otra oportunidad para tomarlo. Solo quería que vieras cuanto necesitamos aprender para amar como Dios. ¡No te desanimes! Cuanto más le conozcas, más amaras como Él. ¡Nunca lo dejes de intentar! En Efesios 3 encontraras la oración que oró el Apóstol Pablo para que podamos entender la grandeza del amor de Dios y para ser llenos de Él. Hoy esta puede ser nuestra oración:

"Por esta causa doblo mis rodillas ante el Padre de nuestro Señor Jesucristo, de quien toma nombre toda familia en los cielos y en la tierra, para que os dé, conforme a las riquezas de su gloria, el ser fortalecidos con poder en el hombre interior por su Espíritu; para que habite Cristo por la fe en vuestros corazones, a fin de que, arraigados y cimentados en amor, seáis plenamente capaces de comprender con todos los santos cual sea la anchura, la longitud, la profundidad y la altura, y de conocer el amor de Cristo, que excede todo conocimiento, para que seáis lleno de toda plenitud de Dios".
Efesios 3:14-19

DECIDE CUIDAR EL AMOR

Seguro ya sabias que en toda relación la comunicación es primordial. Expertos en el tema han escrito varios libros y en cada conferencia de relaciones lo escucharas comentar. Pero si nunca lo habías escuchado, espero que no sea muy tarde para que lo pongas en práctica. La comunicación es esencial en toda relación saludable. ¡Estoy de acuerdo! Tú puedes aplicar este principio en cualquier relación significativa para ti, tus padres, tus hijos, tus amigos también. ¿Pero de qué sirve comunicarte si lo haces sin amor? *"Sino tengo amor, nada soy"* (1 Corintios 13:2). El amor es como una semilla y la comunicación es el agua que riega la semilla. Si dejas de regar se secará. Y si no has sembrado amor en vano está el regar. Podrás tener mucha comunicación, pero si no está en ti "el deseo de amar" será imposible que crezca el amor. Aunque haya una pequeña semilla de amor es suficiente para que crezca. Quizás me digas, "no siento amor, no me nace". Mi pregunta es ¿deseas amar? Si respondiste que sí, es suficiente. Tu decisión de amar es la semilla, ahora comienza a regar todos los días un poquito y veras como nace el amor y crece todos los días un poquito más.

Sólo Ámalo
Una mujer fue a visitar a un sabio consejero y le confesó que ya no amaba a su esposo y que por eso pensaba dejarlo. El consejero, la escuchó atentamente, la miró a los ojos y solamente le dijo una palabra: ÁMALO. Es que ya no siento nada por él le explicó la mujer. Una vez más, el consejero le dijo: ÁMALO. Ante un momento de silencio, el viejo sabio, agregó: AMAR, es una decisión; AMAR, es dedicación y entrega; AMAR, es un verbo y el fruto de esa acción es el AMOR. Ama a tu pareja, acéptalo, valóralo, respétalo, dale afecto y ternura, admíralo y compréndelo. Eso es todo, ÁMALO.

"Si hablo en lenguas humanas y angelicales, pero no tengo amor, no soy más que un metal que resuena o un platillo que hace ruido. Si tengo el don de profecía y entiendo todos los misterios y poseo todo conocimiento, y si tengo una fe que logra trasladar montañas, pero me falta el amor, no soy nada. Si reparto entre los pobres todo lo que poseo, y si entrego mi cuerpo para que lo consuman las llamas, pero no tengo amor, nada gano con eso". 1 Corintios 13:1-3 NVI

No Dejes Enfriar El Amor
Una relación también se comienza a enfriar cuando no hay demostración de amor. No puedes comenzar una relación sin respeto y no puedes construir sin amor. Amar es una decisión y el amor es acción. El amor

no puede mantenerse escondido, le cuesta guardar silencio, el amor tiene la necesidad de ser expresado. Pero lamentablemente hay veces que estamos tan ocupadas que olvidamos amar, olvidamos los detalles, olvidamos las palabras, olvidamos servir, y luego actuamos sorprendidas cuando sentimos que ya no está ¿dónde se fue el amor? ¿Cuándo se fue? Toda relación se alimenta de amor, entonces si algún día sientes que perdiste el primer amor con Dios, pregúntate ¿cuándo le deje de amar? En toda relación que tengamos, empezando por Dios, amamos con palabras, con servicio, con detalles, con tiempo de calidad. Si amas, nunca dejes de demostrarlo. Aprende de tus seres queridos, pregúntales cuando se sienten amados y comienza a demostrarles tu amor en su definición. Te recomiendo un libro que te enseñara más sobre este tema, se titula: "Los Cinco Lenguajes del Amor" escrito por el Dr. Gary Chapman. Necesitamos aprender amarnos cada día más...

Al tiempo de casarnos, tuvimos nuestra primera hija y a la vez con mi esposo trabajábamos tiempo completo en una radio cristiana que transmitía las 24 horas, todos los días de la semana. Éramos muy jovencitos y teníamos muchas responsabilidades en nuestros hombros. Siempre fuimos muy románticos y detallistas en nuestra relación, pero por el trabajo estábamos muy cansados y estresados todo el tiempo. Poco a poco comencé a sentir que nuestro amor se estaba enfriando, no había tiempo para nosotros dos. Recuerdo preguntarle a mi esposo en varias ocasiones si me amaba y él me respondía que si una y otra vez, pero yo no sentía su amor y tampoco me nacía amarle. Un día me encerré en mi cuarto y llorando sin consuelo le dije a Dios "creo que ya no nos amamos". Le dije todo lo que sentía y lo lastimada que estaba, ya no podía más, no sabía que hacer. Él habló a mi corazón con una voz bien dulce y me dijo "¿alguna vez se amaron?". Muy segura respondí "¡si, nos amábamos mucho!". Me dijo: "Entonces, ¡ámalo otra vez como al principio!". Su respuesta me sorprendió. Yo esperaba otra respuesta de Dios. En mi mente me creía víctima de la situación, la protagonista de mi propia telenovela "La Olvidada". ¡Pobrecita yo, yo y yo! Pensé que Dios me iba a dar la razón, pensé que Dios haría que mi esposo me trajera un ramo gigante de rosas rojas, un mariachi y luego me llevara alguna isla en el caribe, me propusiera renovar nuestros votos en la playa a la cuesta del sol, entonces me sentiría amada y me sería más fácil a mi amarlo. Pero no fue así (nunca es como yo creo). Me dijo: "Si no te ama, ámalo y enamóralo otra vez". ¿Cómo? ¿Yo? ¿Tú quieres que enamore a mi esposo otra vez? Mientras meditaba en como podía enamorarlo, la esperanza crecía en mi corazón. ¡Lo intentare otra vez! Me repetía a mí misma una y otra vez, "amare a mi esposo con todas mis fuerzas". Pude sentir a Dios feliz con mi decisión. Sabía que era Él quien me estaba ayudando y me estaba enseñando amar como Él ama. Dios nos ama aunque muchas veces no respondamos a su amor, Él nos sigue amando. Esa tarde aprendí que el amor es una decisión, no es un sentimiento y que no es necesario sentirme amada para amar ¡yo puedo decidir perdonar y amar otra vez! Nunca dejes de amar como al principio.

"Pero tengo una cosa contra ti: que ya no tienes el mismo amor que al principio". Apocalipsis 2:4 DHH

Amar Es Una Decisión
Me seque las lágrimas esa tarde, me pare firme y me dije: "Débora, vas amar". Te soy sincera al comienzo me esforcé, no era fácil, me había olvidado amar, hacía meses que había dejado a un lado nuestra relación. Había perdido la costumbre, pero solo tomo unas semanas para volver a sentir como nuestra relación volvía a florecer. A los meses lo sentía a mi esposo mucho más enamorado que antes, y hoy nos amamos aún más que en la luna de miel. (Si le preguntas a mi esposo te dirá que nunca me

dejo de amar, esto es solo mi versión de la historia). En realidad no recuerdo exactamente lo que hice diferente, sólo sé que me propuse amarlo, amarlo y amarlo. Comencé atenderlo otra vez como cuando éramos recién casados, lo empecé a mimar como cuando éramos novios, me comencé a arreglar para él... (los niños ya no fueron más excusa) y eso es todo lo que te puedo contar.

La Palabra de Dios dice en Marcos 4:26 *"Así es el reino de Dios, como cuando un hombre echa semilla en la tierra; y duerme y se levanta, de noche y de día, y la semilla brota y crece sin que él sepa cómo".* Aprendí la lesión; no dejes que las responsabilidades duerman al amor, no dejes de alimentar la relación, no dejes de demostrar amor. Quizás hoy sea un buen día para decirle a Dios y aquellos a quienes amas ¿por qué les amas? ¡Atrévete amar más y veras como crece el amor!

"No nos cansemos de hacer el bien, porque a su debido tiempo cosecharemos si no nos damos por vencidas".
Gálatas 6:9 NVI

Viviré Intentando
La Biblia dice en 1 Juan 4:8 *"El que no ama, no ha conocido a Dios; porque Dios es amor".* Si Dios es amor y si el amor es Dios, entonces cuando tengo una relación con Dios, tengo una relación con el amor. Si en tu vida conoces a alguien que no tiene amor, ora por esa persona para que pueda tener un encuentro genuino con Dios...

Es imposible vivir con un chino y no saber algo de chino, vivir con una buena cocinera y no saber algo de cocina, vivir con una costurera y no saber absolutamente nada de costura. No te digo que seas una experta en el tema, aunque no te guste el idioma, o el oficio, algo tienes que haber oído o haber visto hacer, algo se te tiene que haber pegado, algo tienes que haber aprendido por convivir y tener una relación con esa persona. Hasta cuando admiras a alguien se te pegan cosas. Recuerdo a mi hermano Emanuel cuando era pequeño imitaba mucho a un comediante que había visto en una película bien graciosa, nos hacía reír a carcajadas con sus gestos. Hoy mi hermano es adulto, bien alto y fuerte pero nunca ha dejado de divertirnos como cuando era niño. ¿Te has dado cuenta que siempre hay palabras, gestos y hasta maneras de ser que se nos pegan de otras personas las cuales nos relacionamos a diario? Entonces, lo que debo hacer es simple, cuanto más tiempo estemos con Él, más nos iremos pareciendo a Él. No importa lo que pase en tu vida, no quites tu mirada de Él. Cuando eras niña ¿quién te enseño hablar? ¿Quién te enseño a caminar? Aprendimos por observar a los demás, y aunque en el comienzo no nos salía muy bien como esperábamos lo seguimos intentando. Es por eso que te digo ¡no lo dejes de intentar! Todos los días es una nueva oportunidad para practicar, y lo que al principio te parecía imposible, cada vez te saldrá mejor. Cuanto más ames, más fácil te será amar... ¡Hoy es un buen día para amar!

La inteligencia sin Amor, te hace perverso.
La justicia sin Amor, te hace hipócrita.
El éxito sin Amor, te hace arrogante.
La riqueza sin Amor, te hace avaro.
La pobreza sin Amor, te hace resentido.
La verdad sin Amor, te hace hiriente.
La autoridad sin Amor, te hace tirano.
El trabajo sin Amor, te hace esclavo.
La FE sin Amor, te hace fanático.
La Cruz sin Amor, se convierte en tortura.
La vida sin Amor, no tiene sentido.

Katheryn Kuhlman una gran mujer de Dios escribió en uno de sus libros estas palabras: El mundo me ha llamado tonta por haberle dado mi vida entera a Alguien que nunca he visto. Sé exactamente lo que voy a decir cuando esté en su presencia. Cuando mire el maravilloso rostro de Jesús, tendré sólo una cosa para decir "Lo intenté". Me entregué lo mejor que pude. Mi redención será completa cuando me encuentre frente a quien todo lo hizo posible.

El Rechazo
Amiga, nunca te des por vencida, síguelo intentando. No importa lo que digan de ti. No permitas que te afecte el rechazo de la gente. Hasta Jesús siendo perfecto fue rechazado, pero Él continúo su misión hasta el final, el rechazo no pudo con Él. Ten la seguridad que Jesús te entiende mejor que nadie. *"A lo suyo vino, y los suyos no le recibieron"* (Juan 1:11).

Jesús soportó el rechazo de parte de los hombres.
- Uno de sus apóstoles, Judas, le traicionó y lo vendió.

- El pueblo que en otro tiempo lo proclamó como el Gran Rey de Israel, luego pidió que lo crucificaran.

- Los soldados le escupían, se burlaban de Él.

- Le pusieron en su cabeza una corona de espinas, lo hirieron a latigazos y con lanza.

- Uno de los ladrones que estaba a su lado le injuriaba diciendo: *"Sálvate a ti mismo y sálvanos a nosotros"*.

"Despreciado y desechado entre los hombres, varón de dolores, experimentado en quebranto: y como que escondimos de él el rostro, fué menospreciado, y no lo estimamos". Isaías 53:3

> *"Si el mundo os aborrece, sabed que a mí me aborreció antes que a vosotros". Juan 15:18*

Es imposible evitar el rechazo por completo. Todos pasaremos por ese sentimiento desagradable, nadie elije ser rechazado. Es parte de la vida y no nos debería atemorizar. Mi esposo es una persona muy segura de sí misma y su manera de ser me ha enseñado mucho. La primera vez que me pidió que saliera con él le dije: ¡Nunca! ¡Nunca! (sin anestesia). Pero fue como si le dijera "síguelo intentando mi amor". Él continuo regalándome flores, ositos, chocolates, cartas, piropos... hasta que un día me di cuenta que me había enamorado de él y le dije que sí. Él nunca se dio por vencido. ¡Qué bueno que mi inmadurez no lo alejo! Tuvo mucha paciencia conmigo... ¡y aun la tiene!

Sentirse rechazado es lo contrario a sentirse aceptado.

Tenerle temor al rechazo puede impedirnos conseguir lo que deseamos porque no nos atrevemos a intentarlo. Es por eso que no se trata de evitarlo, sino de enfrentarlo con madures para que no nos duela. Cuanto mejor aprendemos a manejar el rechazo, menos nos afecta.

Cuando nos enfrentamos a una emoción dolorosa como el rechazo, es fácil que nos enfoquemos en lo mal que nos sentimos. Pero, si pensamos en lo negativo de forma obsesiva, podemos tener la sensación de revivir la experiencia una y otra vez. No solo seguirá haciéndonos daño sino que, además, nos resultará más difícil superar el rechazo. Algunas personas se lastiman con más facilidad (yo era una de ellas) y he aprendido a no pensar tanto en la herida. Porque lo que pensamos influye mucho en lo que esperamos y en como actuamos. Mi actitud negativa hasta puede incluso provocar más rechazo.

*"Aunque mi padre y mi madre me dejaran,
Jehová con todo me recogerá". Salmos 27:10*

Segundo, si empiezas a echarte la culpa por el rechazo o sentirte menos que los demás, puedes empezar a creer que siempre te rechazarán. El rechazo puede hacerte mucho daño y hacerte sentir muy triste, pero tiene solución. Recuerda que eres amada y aceptada por Dios. Piensa en todas las promesas de Dios para ti. Dios está contigo y nunca te dejara. Hace unas semanas atrás me sorprendió cuando una hermana de la iglesia me dijo que Dios le había hecho sentir que tenía que regalarme unos tulipanes amarillos. A los días se apareció otra hermana de la iglesia en la puerta de mi casa con unos tulipanes amarillos. Dos veces en la misma semana, justo la misma flor y el mismo color. Me di cuenta que era un mensaje de Dios y fui rápido a buscar el significado de los tulipanes. Encontré que significan "perfecto amor" y los tulipanes amarillos significan "pensamientos felices". Cada vez que los miraba me recordaba "Débora, deja de pensar en el rechazo que sientes y piensa en algo feliz". Cuanto me ministro Dios esa semana con esos bellos tulipanes. Tú puedes elegir tus pensamientos y si cambias lo que piensas, cambiaras lo que sientes y aún hasta como actúas. Ahora mismo puedes hacer un ejercicio para comprobarlo; en tu mente intenta contar hasta cien y a la misma vez decir el abecedario. ¿Pudiste? ¿Es bien difícil verdad? No puedes pensar en dos cosas diferentes a la misma vez, entonces ¡si puedes quitar esos pensamientos tristes de tu mente! Solo comienza a pensar pensamientos felices, ¡Dios me ama, Dios me acepta, Dios me quiere, Dios quiere que sea feliz!

¡Muy bien! Recuérdate que eres capaz de superar el rechazo. Aunque te hayan rechazado en la vida, vuélvelo a intentar. Dios te ama y Él te ayuda. Cuando podemos perdonar a los que nos han rechazado y cuando nos perdonamos a nosotros mismos entonces somos verdaderamente libres. Jesús venció el rechazo, lo sufrió en su propia carne para que nosotros fuéramos libres. ¿Estás lista para amar, sin tenerle miedo al rechazo? ¡Tú puedes! Porque eres hija del Amor...

Cuando te sientes rechazada, rechazas.
Cuando te sientes amada, amas.

El Amor Siempre Quiere Dar
Si hay algo que disfruto hacer es elogiar a las personas. ¡Qué lindo pelo tienes! ¡Qué bellos ojos! ¡Qué dientes más blancos! Me he prometido a mí misma no guardarme nada lindo que pienso de los demás. Esas cosas bonitas y agradables tengo que decirlas sin vergüenza. Argelia, una hermosa líder de la iglesia tiene la linda costumbre de llamarnos a todas "princesas" y no sabes cuantas veces las mujeres han sido ministradas con ese saludo particular. Es hermoso aprender amar a los demás como Dios nos ama a nosotros. Cuanto más amada te sientas por Dios, más desearas amar como Él. ¡Siempre hay una oportunidad para amar!

He descubierto que hacer sentir a los demás amados y aceptados me hace muy feliz. Especialmente disfruto ver la expresión de la gente que no lo espera de mí; la cajera en el supermercado, la persona que conoces por primera vez, el abuelo que se siente olvidado. Qué lindo es verles sonreír. Me ha pasado que días después la persona recuerda mis palabras y me cuenta detalladamente cuan feliz le hicieron. Pero eso no siempre fue así. Lamentablemente puedo recordar ocasiones en mi vida que no respondí con amabilidad porque estaba lastimada y me sentía rechazada. Fue entonces que aprendí a cuidar mi corazón, porque todo comienza en el corazón. Cuando estoy gravemente herida trato de no hablar con nadie, me doy una buena siesta, salgo a caminar, limpio mi casa, cuido de las flores... pero especialmente disfruto mucho hablar con Dios porque Él es el único que me puede sanar el alma. Soy muy consciente que si no estoy sana puedo fácilmente herir a alguien y no quiero lastimar a nadie. Si tienes una herida grave en tu brazo al abrazarte seguro gritaras de dolor, no porque mi abrazo te haya lastimado, sino porque ya estabas herida.

Hay veces que no entendemos porque hay gente que nos lastima, nos rechazan y nos hacen sentir culpables, pero si hoy puedes entender que él que lastima esta lastimado, él que rechaza se siente rechazado, y él que te culpa se siente culpable, quizás en vez de ofenderte con ellos le pedirás a Dios misericordia para que ellos puedan sanar, puedan ser libres y te será mucho más fácil amarles.

"Sobre toda cosa guardada, guarda tu corazón;
Porque de él mana la vida". Proverbios 4:23

Fuimos creados por Dios, a su imagen y semejanza; es decir, que si Dios es amor, Él nos creó iguales a Él, con la capacidad de amar y de recibir amor. Todos necesitamos el amor verdadero para ser felices y hoy tú puedes hacer a alguien feliz con una demostración de amor. Existen personas que nunca nadie les complementa, personas que desean un abrazo o una simple sonrisa de aprobación. Hace unos años atrás cuando la iglesia era pequeña Dios me hizo sentir mandarle a cada miembro una tarjeta en su cumpleaños. Al principio dude hacerlo porque para mí era algo tan pequeño, le dije: "Señor, es sólo una tarjeta, como me gustaría poder regalarles más". Él me dijo comienza con una tarjeta y escribe en ellas palabras de afirmación, diles cuanto yo les amo, cuan importante son para mí y lo que sientas en tu corazón decirles. Para mi sorpresa la gente venía agradecerme por la tarjeta de cumpleaños como si hubiera recibido algo muy valioso. Una mujer en el supermercado se acercó a mí y me dijo: "Usted no me conoce, pero usted me mando una tarjeta para mi cumpleaños". Ella estaba muy agradecida. En otra ocasión una anciana vino agradecerme con lágrimas en sus ojos y me dijo: "Quizás usted no entienda porque estoy tan emocionada, pero quiero decirle que yo vivo sola y usted fue la única persona que me dio una tarjeta en mi cumpleaños". Que hermoso es Dios, Él me pidió hacer algo que yo nunca me hubiera imaginado que daría tantos frutos de felicidad. Recuerda, cuando Él te pida hacer algo, hazlo, no importa lo insignificante que parezca para ti. ¡Dios es especialista en amar las personas!

Hace unos años atrás mi suegra nos estaba visitando en casa y una de esas mañana mientras hablaba con Dios en mi cocina, Él me pidió que hiciera algo que nunca antes había hecho. En esos años no tenía la confianza que tengo hoy con mi suegra y me llene de nervios con el solo pensar en lo que Él me estaba pidiendo hacer. Dios me hizo sentir que le preparara el desayuno a mi suegra y se lo llevara a la cama. Sabía que era Dios hablándome ¡estaba segura! Ahora, déjame explicarte porque tantos nervios… ¡mi suegra es una excelente cocinera! ¿Y si le pongo mucha sal? ¿Y si no le gusta? ¿Y si no lo quiere en la cama? ¿Y si piensa que se lo llevo al cuarto porque no quiero que salga del cuarto? Las dudas y los nervios aumentaban en mi mente mientras pensaba en lo que Dios me estaba pidiendo hacer. "Sólo obedece Débora" me dijo. Así que como pude le prepare el desayuno y se lo lleve al cuarto. Cuando llegue a su cuarto no había nadie, ella se estaba bañando, aún más nerviosa me puse ¿y ahora qué hago? Finalmente decidí dejárselo en la cama y volví a la cocina. Para mi sorpresa a los minutos vino mi suegra muy emocionada, agradecida por ese gesto, me dijo: "Nunca nadie me llevo el desayuno a la cama, gracias Débora". ¡Qué alivio sentí cuando escuche sus palabras, Dios nunca se equivoca!

Mi amiga la Pastora Ana también es una excelente cocinera. Un día cuando termine de predicar fui a dejar mi biblia en la mesa del comedor de la iglesia y encontré una torta de ricota (es un pastel argentino). Ella no sabía cuánto se me había antojado ese pastel esa semana. Cuando la vi a Ana, exclame ¿quién hizo este pastel, yo quería este pastel y está delicioso? Ella sonriendo me dijo: "Yo lo hice, estaba en casa y Dios me hizo sentir que te lo hiciera. ¡Qué bueno es Dios! ¡Cómo nos mima!

Hoy tú puedes hacer a alguien feliz. Puedes marcar la vida de alguien con una demostración de amor. Nunca nadie quiere estar cerca de una persona criticona, tratamos siempre de evitarla. No es divertido escuchar todo lo que está mal con nosotras. Pero qué diferencia cuando conoces una persona que siempre ve lo mejor de ti y te complementa cada vez que la ves. Esa gente da gusto conocer, es una bendición su amistad. Está comprobado que cuando una persona es amada y recibe aprobación y aceptación, es más segura y estable en sus emociones. ¿Estás lista?

Serás muy feliz cuando decidas hacer feliz a los demás...

CAPITULO 8

Blusa Nueva

"Deléitate asimismo en Jehová
y él te concederá las peticiones de tu corazón".
Salmos 37:4

Era un día sábado, la casa estaba tranquila, la más pequeña dormía, la nena y el nene más grande jugaban muy entretenidos y mi esposo miraba por televisión futbol, su deporte preferido. Me pareció un momento oportuno para escaparme un ratito, ir sola a la tienda para poder tranquila elegir una blusa nueva. Podría despejarme un poco, hablar con Dios, además estrenaría algo nuevo para el servicio de la noche, me pareció buena idea. Llegue a la tienda y empecé a escoger blusas. La empleada me miro sorprendida cuando entre a probarme más de diez prendas ¡esa soy yo! Siempre hago lo mismo, elijo varias y luego de probármelas voy descalificando hasta seleccionar la prenda de mejor calidad por el mejor precio posible, ¡especialmente las ofertas me hacen muy feliz! Luego de probarme varias, solo una me gusto al ponérmela, su material era bien delicado y me quedaba justo a medida. Cuando mire su precio me dejo de gustar, era la más costosa de todas las blusas, delicadamente la volví a poner en su percha y pensé "quizás otro día".

Al pasar el tiempo iba descalificando y al pasar los minutos me quede sin ninguna blusa. Comencé a caminar muy desilusionada hacia la salida, cuando al costado del pasillo llamo mi atención un hermoso vestido del tamaño de mi nena menor Kristen. Me imagine lo linda se vería mi hija con el puesto, así que decidí comprarlo. Luego comencé a buscar prendas para mi hija mayor, mi hijo y mi esposo también. Mis pensamientos cambiaron rotundamente, había venido a buscar una blusa para mí y ahora me encontraba muy emocionada comprando prendas para ellos (gasté mucho más de lo que salía la blusa que yo quería pero no me importo). Esperando en la fila para pagar por las prendas me acorde las palabras de Jesús: *"Más bienaventurado es dar que recibir"* (Hechos 20:35). Bienaventurado es "ser tres veces feliz". En la Nueva Versión Internacional dice: "Hay más dicha en dar que en recibir". En otras palabras Jesús nos dice "más feliz te sentirás al dar que cuando recibas".

"Porque el Hijo del Hombre no vino para ser servido, sino para servir, y para dar su vida en rescate de muchos". Marcos 10:45

DECIDE SERVIR

En la Biblia encontraras varias personas que por agradecimiento a Jesús le servían y le honraban, como el ejemplo de María Magdalena, lavo sus pies con sus lágrimas y los seco con sus cabellos, luego derramo su perfume tan costoso a sus pies (Lucas 7:44-46). La gente era atraída por el amor de Jesús, por su humildad y por su compasión. Aunque Jesús podría haber exigido y obligado que le sirvieran, nunca lo hizo. Jesús nos demostró el amor del Padre. Él nunca olvido su misión, su interés principal aquí en la tierra, no era quien le iba a servir, sino a quien Él serviría. Él nos enseñó que el verdadero amor "sirve", sin medir el costo. Jesús sirvió tanto a la humanidad que nunca le podremos pagar por lo que Él hizo. Si realmente quieres ser feliz, tienes que considerar siempre lo que Jesús nos enseñó; amar a nuestro prójimo como a nosotras mismas, ser bondadosas, dar miscricordia y hacer el bien (Lucas 4:18). Todo empieza a tener sentido en la vida cuando vives para dar. No debe ser algo que tú haces de vez en cuando, sino algo que es parte de ti, es quien tú eres. Eres amorosa, eres bondadosa, eres misericordiosa... ¡eres una mujer muy bendecida!

> *"De cierto te bendeciré con abundancia y te multiplicaré grandemente". Hebreos 6:14*

La mujer infeliz siempre se está quejando, nunca nada la complace y siempre piensa que nadie hace nada por ella, dice: "¡Nadie me ayuda, estoy sola, nadie tiene misericordia conmigo, nadie piensa en mí!". Pero mi pregunta siempre es ¿por qué nadie es capaz de hacer algo por ella? ¿Qué ha sembrado en los últimos años de su vida? ¿Podrá recordar la última vez que ayudo a alguien sin interés alguno? ¿Cuántas veces se negó algo por dárselo a otra persona que lo necesitaba más que ella? ¿Cuándo saco de su tiempo para estar con alguien que estaba solo? ¿Cuál fue la última vez que le pago la cuenta a una amiga que estaba pasando necesidad, teniendo suficiente para ayudarle? Cuando te mantienes ocupada en bendecir, no estas pendiente en quien te ayuda a ti.

Un día en un estudio bíblico pregunte: "¿Cuántas personas usted ayudo hoy? ¿Cuántas personas hoy usted le sembró tiempo de calidad, palabras de aliento, misericordia, amor?". Para mi sorpresa se hizo un silencio en el salón y entendí que Dios nos estaba hablando a todos, empezando por mí, porque Dios también habla en el silencio. Muy a menudo pensamos en quien nos puede bendecir y cuando debería hacerlo, pero muy pocas veces nos detenemos a pensar ¿a quién puedo bendecir hoy? ¿Quién necesita mi ayuda? Fue esa semana que Dios me hablo y me dijo:

"Débora, cuando vivas una vida bendiciendo, vivirás una vida bendecida". Entendí que si siembro todos los días, todos los días cosechare algo. Cuando dejas de sembrar en tu presente, dejaras de cosechar en tu futuro. ¡No dejes de sembrar! Tú determinas que grande será tu cosecha... ¿Cuántas flores quieres en tu jardín?

"Dad, y se os dará; medida buena, apretada, remecida y rebosando darán en vuestro regazo; porque con la misma medida con que medís, os volverá a medir".
Lucas 6:38

DECIDE SEMBRAR AMOR
Soy muy feliz cuando mis hijos corren hacia mí, me abrazan y me dicen cuanto me aman. Pero, no me sorprende recibir de ellos su amor porque desde el segundo que supe que estaba embarazada no he dejado de decirles que les amo y desde el momento que nacieron no he dejado de abrazarles y besarles. Con mi esposo nos hemos desvelado por ellos, madrugadas enteras cuidándoles, no siempre sabíamos que hacer, no siempre entendíamos lo que les pasaba, pero siempre hicimos todo lo posible para demostrarles que si algo sabemos y estamos seguros es que les amamos y siempre podrán venir a nuestros brazos y refugiarse en nuestro amor. Al comienzo no fue fácil. Pañales sucios, noches sin dormir bien, dolores de espalda, pero luego crecieron y hoy puedo decir que valió la pena sembrar en ellos, la cosecha de su amor no tiene precio.

Hace un tiempo atrás mientras le escuchaba predicar a mi hermano Pablo recordé una vez cuando él era recién nacido que lo tome en mis brazos y le cante hasta que se quedó dormido (yo tenía ocho años). No sé porque recuerdo ese día en especial, hasta las canciones que le cante. Una de ellas era *"Dios está aquí tan cierto como el aire que respiro".* Ese día cuando el predicaba fui tan ministrada con sus palabras, y a la vez no podía dejar de sonreír y pensar "hoy estoy cosechando por haberle cantado cuando era bebé". ¡Qué hermoso es sembrar amor!

Una vez escuche la historia de un hombre que tenía su padre anciano y decidió llevarle a vivir a un hogar para que cuidaran de él. En el camino el anciano mantenía silencio, mientras su hijo trataba de hacer conversación. Cuando llegaron al hogar de ancianos el anciano se bajó y comenzó a caminar con su hijo hacia la entrada cuando de repente el anciano se detuvo y se sentó en un banco que estaba en la vereda. El hijo voltio para atrás al ver que su padre se había sentado en un banco y contemplo las lágrimas en su padre. Él pensó que su padre estaba disgustado con el lugar. Fue entonces que él comenzó a explicarle lo agradable que sería para él vivir en el hogar, lo cómodo y lo fácil que sería para ambos, y el anciano respondió: "Hijo yo te entiendo, sólo lloro porque en este mismo banco mi padre se detuvo y me pidió por favor que no lo dejara aquí".

"No os engañéis; Dios no puede ser burlado:
pues todo lo que el hombre sembrare, eso también segara".
Gálatas 6:7

Recientemente hablaba con una mujer de mi edad, ella me contaba sus problemas con su esposo y con su hijo. Se sentía desilusionada con su hogar, el comportamiento de su hijo adolescente y lo distante que estaba su esposo. Comencé hablarle de sembrar en ellos semillas de amor y que en su tiempo ella iba a cosechar de su familia lo que tanto anhelaba, ella respondió: "Pero, ¿sabe usted qué difícil es sembrar y ni siquiera ver un esfuerzo, un intento del otro lado a cambiar?". Supe exactamente lo que ella quería decir, puede ser muy frustrante sembrar y no ver resultados.

En ese instante le dije: "¿Sabes qué? ¡Yo no creo en las dietas!". Me miro sorprendida y le explique mejor, "las dietas me frustran, no tengo paciencia para esperar si funcionan". ¡Esa soy yo! Si yo siembro amor en mi familia sólo por querer ver resultados inmediatos me voy a frustrar. Es lo mismo que hacer dieta por una semana, mirarme al espejo constantemente, pesarme cada dos horas y esperar rebajar el peso que me tomo 10 años subir. Quizás pierda algunos kilos después de algunas semanas, pero si no aprendo a comer saludable en poco tiempo volveré al mismo peso anterior. Es por eso que tengo como estilo de vida comer saludable y hacer ejercicio para mantener el peso que quiero. ¿Qué te quiero decir? Sembrar amor, interés, tiempo de calidad, palabras de afirmación (lo saludable) en tu familia ocasionalmente "no funciona", solo cuando sea fácil "no funciona", cuando tengas ganas solamente "no funciona", por solo un periodo de tiempo "no funciona". Es como plantar una semillita y al otro día sacarla de la tierra. Un día somos amables y misericordiosas, y el otro día somos peleadoras e irrespetuosas. Amar a los demás tiene que ser nuestro estilo de vida y no solo en ocasiones, cuando quiero ver un cambio en mi familia. Es frustrante sembrar una semillita y sentarnos al lado todos los días para ver cuando crece. Siembra en tu familia, porque es tu decisión amarles, porque es quien tú eres y es lo que quieres hacer... es el estilo de vida que elijes vivir por tu bien y por el bien de los que amas. La Palabra de Dios dice *"No nos cansemos, pues, de hacer bien; porque a su tiempo segaremos, si no desmayamos. Así que, según tengamos oportunidad, hagamos bien a todos, y mayormente a los de la familia de la fe"* (Gálatas 6:9-10). Este versículo me advierte que sembrar no es algo de un día, es algo de todos los días. También me deja saber que en el proceso de hacer el bien me voy a cansar; sentiré ganas de dejarlo todo; dejar de sembrar, dejar de regar, dejar de cuidar, pero si logro no darme por vencida disfrutare de mi cosecha. ¡No te rindas amiga!

Hace un tiempo atrás leí la historia de una pareja de pastores que dedicaron toda su vida a servir con mucho amor a su comunidad. Pasaron los años y un día se les incendio la casa y ellos no tenían seguro. De un día para otro se quedaron sin vivienda, sin muebles, sin ropa. A los días la comunidad entera se unió para bendecir a esta familia, no les falto lugar donde dormir, vestido o comida. Además, un constructor de casas se enteró de lo que les había sucedido a esta pareja y le dijo al pastor: "Usted cuando yo era joven hizo mucho mí y siempre fue mi anhelo bendecirle. Por favor déjeme agradecerle, quiero construirle su casa, sin costo alguno". ¡Les llego su cosecha!

DECIDE ACEPTAR LOS REGALOS DE DIOS

No termine de contarte la historia de lo que paso en casa cuando llegue de la tienda el día que fui a comprarme una blusa. ¿Recuerdas que al comienzo del capítulo te conté? Esa tarde cuando salí de compras me propuse ser feliz, aunque no comprara la blusa de mi gusto, sería feliz obsequiándole a mi familia y funciono ¡estaba feliz! Ya el hecho de comenzar a elegir prendas para ellos e imaginármelos estrenando me estaba sacando toda la desilusión que había pasado con las blusas y me estaba poniendo de muy buen humor. Le compre un vestido para mi pequeña Kristen, una blusa para mi hija mayor Kaylen, a Kenny una camisa y para mi esposo una corbata. Llegue a casa justo minutos antes del servicio. Estaban sorprendidos cuando vieron las bolsas de la tienda y rápidamente empezaron a buscar que había en ellas. Seguro pensaron que había salido a comprar leche o pañales, no se esperaban esta sorpresa. Les dije: "Quiero que siempre se vean lindos, son mis hijos y los amo". Emocionados empezaron arrancar etiquetas, a lucir la nueva ropa y a desfilar por la casa. ¡Ellos son bien graciosos, igual al papá! La chiquita daba vueltas contemplado su vestido, el nene lucia frente al espejo y practicaba su sonrisa de guapo. Mientras les contemplaba a los dos más pequeños, era feliz al verles a ellos reír y disfrutar (mi esposo también decidió estrenar la corbata que le regale). Mientras disfrutaba ese momento de felicidad mi hija mayor que estaba en su cuarto se acercó mí y me dijo: "¿Esto es todo?". Me quede sorprendida con su pregunta. "¡Sí es todo!" sarcásticamente le respondí, "no es navidad, no es tu cumpleaños, no necesitas ropa, pero aun así quise regalarte algo. ¿Es lo único que me vas a decir? ¿Nada de gracias mamá por pensar en mí, gracias por este regalo?". Luego me contesto unas gracias obligadas y sin muchas ganas volvió a su cuarto. "Vístete rápido mi amor que tenemos que ir a la iglesia" le conteste muy pacíficamente tratando de no darle importancia a su comportamiento, no quería perder mi momento de felicidad. Cuando salió mi hija de su cuarto, no podía creer lo que estaba viendo, se había puesto la blusa nueva pero ni se veía, encima se había puesto algo viejo, arrugado y mucho más grande para tapar la blusa nueva. ¡Oh no! ¿Qué es eso?

En ese momento no pude entender lo que estaba sucediendo. Comencé a pelear con una lágrima que quería escaparse y correr por mi mejilla. ¡No, no voy a llorar! Me era difícil maquillarme de los nervios. No podía entender, mi hija que amo tanto y he consentido desde el día que nació, prefería ponerse la camiseta de dormir antes de lucir una blusa linda y nueva. Nunca había tenido ese comportamiento de ella, siempre fue muy dulce y obediente desde muy pequeña, esa actitud me tomo de prisa y de sorpresa. ¡El momento de felicidad que estaba disfrutando se esfumo! La mire a los ojos y con todo el amor que le tengo le dije: "Mi amor, la blusa es muy linda, yo te amo y quiero que te veas hermosa. ¡Déjame ser feliz por favor! De nada me sirve a mí vestirme bien si mi hija tiene puesta una camiseta vieja y arrugada. Tú eres mi hija, eres mi reflejo, déjame cuidarte. ¡Déjame ser feliz! Cuando tú te ves bien yo soy muy feliz. ¡Déjame ser feliz! ¡Déjame ser feliz! ¡Por favor, es lo único que te pido!".

Para ese entonces las lágrimas habían ganado y se habían escapado. Mi hija entendió lo importante que era para mí y consintió en estrenar la blusa nueva. Volví a mi cuarto confundida ¿por qué mi hija actuó así conmigo? Me sentía dolida... ella siempre había recibido mis regalos.

Justo en ese momento escuche la vos de Dios, *"¿por qué te disgustas con tu hija si tú eres igual a ella, te comportas de la misma manera?"*. ¿Igual a mi hija? Seque mis lágrimas y comencé a escucharle, sabía que algo muy interesante estaba a punto de aprender. Me dijo: *"La regañas por no querer lucir algo que le regalas, por no apreciar lo que le das por amor, por preferir algo viejo en vez de la blusa nueva. ¿Cuándo vas a entender que soy tu Padre y que soy feliz cuando tú estás bien? Yo soy Él que te bendigo y te he proveído para que puedas comprarte la blusa nueva, tú eres mi hija... Déjame cuidarte, no rechaces mis bendiciones, no digas quizás otro día. ¿Cuándo comprenderás que yo soy feliz cuando aceptas mis regalos?"*.

"No os angustiéis por vuestra vida, qué habéis de comer o
qué habéis de beber; ni por vuestro cuerpo, qué habéis de vestir.
¿No es la vida más que el alimento y el cuerpo más que el vestido?
Mirad las aves del cielo, que no siembran, ni siegan, ni recogen en
graneros; y, sin embargo, vuestro Padre celestial las alimenta.
¿No valéis vosotros mucho más que ellas? ¿Y quién de vosotros podrá,
por mucho que se angustie, añadir a su estatura un codo?
Y por el vestido, ¿por qué os angustiáis? Considerad los lirios del
campo, cómo crecen: no trabajan ni hilan; pero os digo que ni aun
Salomón con toda su gloria se vistió como uno de ellos.
Y si a la hierba del campo, que hoy es y mañana se quema en el horno,
Dios la viste así, ¿no hará mucho más por vosotros, hombres de poca
fe? No os angustiéis, pues, diciendo: ¿Qué comeremos, o qué

beberemos, o qué vestiremos?, porque los gentiles se angustian por todas estas cosas, pero vuestro Padre celestial sabe que tenéis necesidad de todas ellas. Buscad primeramente el reino de Dios y su justicia, y todas estas cosas os serán añadidas".
Mateo 6:25-33

DECIDE ACEPTAR EL FAVOR DE DIOS
Mi papá terrenal siempre es feliz cuando nos ve bien y los mejores regalos siempre los hemos recibido de Él. Dios ha bendecido a mi padre de gran manera. Los que escuchan su testimonio quedan asombrados del favor de Dios en su vida. Yo personalmente creo que la prosperidad llego a su vida el momento que él acepto su identidad, antes que su llamado, antes que los dones o los títulos, él es hijo de Dios. Mi padre no tuvo una relación cercana con su padre terrenal, su padre nunca cuido de él, abandono el hogar cuando él tenía cinco años, y su familia paso mucha necesidad. Pero un día mi padre acepto la paternidad de Dios y como consecuencia el cuidado especial y los regalos llegaron. Él propuso en su corazón no limitar a Dios en bendecirle. Tú puedes creer que Dios es tu padre y aun así no aceptar sus regalos...

La razón principal por la cual Dios quería que yo comprara la blusa, no era acerca de mí, era acerca de Él. Nunca lo había visto de esa manera. Te explicó, ¡Dios quería bendecirme, regalarme algo nuevo y no se lo permití! ¡Era una oportunidad para Él ser feliz y yo no sabía! Dios (mi padre) me había provisto para comprarla, para disfrutarla, para lucir algo nuevo, para que pudiera estrenar ese día... El aceptar su provisión, su favor, su gracia, todas sus promesas, en realidad siempre es más acerca de Él que de mí. No debo vivir mi vida pensando que palabra, o que bendición aceptaré de Dios para mí. Que desagradecida de mi parte decirle a Dios que no necesito lo que Él me quiere dar o decirle que tengo suficiente. Dios es nuestro padre y disfruta vernos bendecidos y en victoria. Él entonces puede decir, *"Ésta es mi Hija amada, en quien tengo complacencia"* (Mateo 3:17). La palabra *"complacencia"* significa satisfacción y alegría. Si quieres darle a Dios satisfacción y alegría, ámale, obedécele y acepta sus regalos...

Viví años de mi vida sin entender el motivo de la prosperidad de Dios, cada vez que se acercaba alguien con la disposición de bendecirme siempre me sentía incomoda y muchas veces rechace favores y no acepte regalos porque no conocía la función de hija y el corazón del padre. Las personas eran solo los distribuidores de las bendiciones, Dios (mi padre) siempre fue el proveedor. Mis hermanas siempre me preguntaban ¿por qué siempre que estrenas tienes que aclarar que fue una oferta, o que fue un regalo? ¡Es verdad! ¡Qué importa lo que la gente piense de ti! No necesitas explicarle a nadie porque Dios te da regalos ¡Eres su hija y Él tiene todo el derecho en bendecirte! (Romanos 8:15-16).

"Toda buena dádiva y todo don perfecto desciende de lo alto, del Padre de las luces, en el cual no hay mudanza ni sombra de variación". Santiago 1:17

DECIDE SER AGRADECIDA

Todas las bendiciones que tienes, todo lo bueno en tu vida son regalos de Dios. Diariamente debemos ser conscientes y agradecidas por todo lo que Él nos da (afuera en este momento está todo tapado de nieve, por la ventana de la cocina puedo ver el árbol que está en mi jardín y está congelado, parece de cristal, y yo estoy en casita calentita escribiéndote ¡qué bendición!). Dios continuamente nos esta bendiciendo, nos llena de favores y misericordia (Salmos 103:4), pero muchas veces estamos enfocadas en la nieve que hay en nuestras vidas y no en el calor que sentimos con su abrazo. Muchas veces ignoramos sus favores y otras veces ni siquiera los aceptamos. Te lo digo por experiencia propia, muchas veces pensé, "tengo suficiente, no necesito más" y por ignorar su necesidad e interés en bendecirme entristecí el corazón de Dios. Con mi manera de pensar rechacé palabras proféticas que no podía explicar como iban a cumplirse, ignore dones y talentos que Dios me había regalado, y no creí ser suficiente capas para administrarlos. ¿Quién te dijo que tenías que merecerte los regalos del Padre? ¿Quién nos engañó? El Padre quiere bendecirme porque Él es feliz dando...

Vine Para Que Seas Feliz
"El ladrón no viene sino para hurtar, matar y destruir; yo he venido para que tengan vida, y para que la tengan en abundancia" (Juan 10:10). La palabra de Dios dice: "Jesús vino a darnos vida abundante". ¿Qué es vida? Me gustó como mi esposo ilustro este versículo en una de sus predicas, él pregunto: "¿Qué suele decir la gente cuando trabaja sin parar, cuando está endeudada, cuando le va de mal en peor? La gente dice: ¡Esto no es vida! ¿Y cuando la gente está con la familia disfrutando, o debajo de una palmera descansando? ¿Qué dice la gente? ¡Esto si es vida!". Quiere decir que cuando eres feliz estas realmente viviendo, entonces lo que Jesús dijo fue: *"¡Yo vine para que seas feliz y disfrutes la vida!"*. La palabra también dice: *"El diablo vino a matar, robar y destruir"* (Juan 10:10). Tengo que saber que todo lo que me mata, me roba y me destruye como persona viene del enemigo, y nunca me hará feliz. Todo lo que viene de Dios siempre me da vida.

El Apóstol Pablo dice *"Todo me es lícito, pero no todo conviene; todo me es lícito, pero no todo edifica"* (1 Corintios 10:23). Eres realmente feliz cuando aprendes a decir "no" a las cosas que tú sabes que no te edificaran para nada. Una versión dice: "Todo me es licito, pero no me dejare gobernar por nada". No permitas que ninguna presión, cultura, moda o influencia te gobierne. Pídele a Dios sabiduría, pídele que te muestre ¿qué cosas han querido gobernarte y como desacerté de ellas?

El día de la blusa nueva sentí como si Dios me estuviera operando el corazón, ahora entendía lo que por años había ignorado. *"Padre, perdóname. Nunca más rechazare lo que Tú quieres darme. Quiero hacerte feliz, quiero alegrar tu corazón. No quiero rechazar tus regalos, quiero aprender hacer agradecida por todo lo que Tú me das".* Le pedí perdón y luego sentí su paz y su amor abrazarme. Le prometí aceptar sus regalos y termine mi conversación diciéndole, "te acuerdas ese diseño de anillo que siempre me ha gustado, si deseas dármelo estoy lista para recibirlo cuando quieras". Esa misma semana no podía creer lo que me había ocurrido, una persona me regalo ese mismo anillo (nadie sabía de ese deseo, ni siquiera mi esposo). Las próximas semanas llovieron los regalos y las bendiciones, estuve atenta a todos sus detalles. Finalmente, después de tantos años había aprendido la lección y pude imaginarme a Dios sonreír. El sentir que Dios está feliz contigo te hará aún más feliz que recibir el regalo más costoso del mundo, ¡no quiero ser una hija más, quiero ser una hija que sepa alegrar el corazón de su Padre!

Necesitamos aprender a vernos por los ojos de Dios (nuestro padre). Necesitamos aprender a sentir lo que Él siente por nosotras. Él es un buen padre, amoroso, tierno, misericordioso, paciente… El versículo a continuación es uno de mis versículos preferidos (Jeremías 31:20 NVI), te invito a poner tu nombre y decírtelo varias veces….

"¿Acaso no es (_____) mi hija amada? ¿Acaso no es mi niña preferida? Cada vez que la reprendo, vuelvo a acordarme de ella. Por ella mi corazón se conmueve; por ella siento mucha compasión".

Las Ocho Maravillas

Mamá dice: "¡El mundo tendrá siete maravillas, pero Dios a mí me ha regalado ocho!". Sí, somos ocho hermanos: Débora, Lorena, Luciana, Emanuel, Pablo, David, Jonathan y Melodie. Recuerdo cuando tenía entre once y doce años, ¡qué vergüenza me daba cuando salíamos! Toda la gente nos comenzaba a contar cuando nos veía (pero ahora ya estoy acostumbrada y con gusto me detengo para que me cuenten, me hace muy feliz pasear con mi familia). La mayoría de la gente se asombra cuando mi madre comparte con ellos que ha dado a luz ocho hijos, especialmente las mujeres jóvenes. Ella es una dama muy hermosa y las jovenes suelen no entender como no le importo a mi madre la posibilidad de perder su figura, dejar su carrera y sus títulos (en su juventud fue coronada reina de belleza en su pueblo, "reina del trigo"). Realmente creo que ella acepto la maternidad como un gran regalo de Dios y decidió ser feliz con sus pollitos. Nunca la escuche quejarse por tener ocho hijos. Ella disfruto cada momento cuando nos criaba. Hoy los ocho vivimos pensando en ella y como estar cerca de ella, siempre ha sido y será nuestra reina. En otras palabras mamá hizo lo que Jesús nos enseñó, decidió servirnos. Por años sembró en nosotros sin recibir nada de ayuda, nada de regalos, nada de favores, nada de privilegios, pero hoy mamá no sólo cosecha de nosotros sus ocho hijos, sino de todos los nietos que la aman profundamente...

¡Cuidado con las semillas que estas sembrando!

Primero: Si realmente quieres ser feliz debes entender que la felicidad es el fruto de una semilla que tú siembras. Día a día, siembras y cuidas, hasta que crece la plantita y tú puedes comer su fruto. Sé que cuando decidas sembrar buena semilla, te asombraran los pájaros que vienen a querer comer tu semilla. Los pájaros son aquellos pensamientos y comentarios egoístas que quieren desanimarte. ¡No entiendo por qué haces eso! ¡Esa persona nunca será agradecida contigo! ¿Para qué te esfuerzas? Hay personas que no terminan de entender la ley de la siembra y la cosecha, (especialmente aquellos que no fuimos criados en el campo nos cuesta más). Cuando tengas práctica en esto te darás cuenta que siempre llega la cosecha, nunca falla. ¡Te sorprenderá! Aun de personas que tú desconoces. Dios está involucrado en tu cosecha, Dios es el que recompensa, Él te dará lo que sembraste multiplicado. Las personas podrán olvidarse o no querer ser agradecidas contigo, pero Dios siempre se acordara de tu cosecha.

"A Jehová presta el que da al pobre; el bien que ha hecho se lo devolverá". Proverbios 19:17

DECIDE SER DE BENDICION

Una tarde fui de prisa al supermercado, acababa de dar una larga conferencia de mujeres en la iglesia y había ministrado más de 70 mujeres una por una. Me sentía cansada. Había dado todo lo que tenía y ahora necesitaba que Dios me llenara nuevamente con sus palabras. Deseaba estar a solas con Dios, necesitaba oír su vos. Es tan fácil hablar con Él, ni siquiera necesitas explicarle lo que sientes porque Él ya conoce tus pensamientos, Él conoce tu corazón mejor que tú misma. Lo mismo ocurre esos días de mucho trabajo que uno solo piensa en llegar a la casa, sacarse los zapatos, quitarse el maquillaje y ponerse cómoda. Es hermoso encontrarse con uno misma. Necesitamos tomarnos un tiempo para estar asolas con Dios, si no lo hacemos a menudo podemos llegar hacer influenciadas por las amistades, la familia, la sociedad que nos dice que vestir, que hacer, que querer, y en que pensar... ¡pero yo quiero ser yo! No quiero perderme... Sólo cuando estas a solas con Dios, tu creador, te vuelves a encontrar. ¡Porque Él conoce tu original!

En el supermercado, me propuse hacer las compras rápido y volver a casa lo más pronto posible. Estaba en el pasillo de la leche cuando encontré una anciana que necesitaba ayuda, le asistí y ella comenzó hablarme. Te soy sincera, mientras ella pausadamente hablaba yo pensaba ¿cuándo terminara de hablarme la señora? ¡Tengo urgencia quiero estar asolas con Dios! Cuando dije eso sentí que Dios me pidió que dejara de pensar así y que realmente le pusiera atención a la anciana; que escuchara con paciencia. Pase unos minutos con ella sin entender la insistencia de Dios en que me detuviera y la escuchara. Cuando termino de hablarme la señora le di unas palabras de aliento y ore por su vida. Luego la anciana se despidió y comenzó a caminar lentamente por el pasillo, a los pasos se dio vuelta y con mucha ternura me dijo: "Muchacha, cuando te vi, vi algo diferente en tu rostro, es por eso que quise hablar contigo, tú eres diferente". Me quede sorprendida con su comentario, era exactamente lo que me estaba preguntando en esos días. La gente en la iglesia conocen quien soy, conocen quienes son mis padres también, pero quienes no me conocen ¿se darán cuenta que soy hija del amor? *"Un mandamiento nuevo os doy: Que os améis unos a otros; como yo os he amado, que también os améis unos a otros. En esto conocerán todos que sois mis discípulos, si tenéis amor los unos por los otros"* (Juan 13:34-35). Esa tarde me fui muy feliz a casa y pensar que casi me pierdo esa hermosa experiencia por estar apurada. Las palabras de la anciana me hicieron lagrimar, no podía dejar de pensar en su sonrisa, en su mirada y en la dulzura cuando me lo dijo. De regreso a casa entendí porque Dios me pidió que la escuchará, porque Él quería responderme por medio de la señora en el pasillo de la leche. Te sorprenderá la diversidad de maneras que Dios usará para hablarte cuando estés esperando una respuesta de Él. Ten la plena seguridad que Dios te hablará, porque Dios siempre se deja encontrar... *¡Cuando busques a Dios, lo vas encontrar!* (Jeremías 29:13).

Un día cuando pensaba en Dios escribí esta canción:
Aunque la tempestad se quiera levantar...
Y mis ojos no vean y dejen de soñar...
Tu vos me invita en Ti descansar...
Y sé que buscando te voy a encontrar...
Porque soy tu hija, soy valiente...
¡Soy todo lo que Tú dices que soy!
No temo a nada... Nada me mueve...
Porque si de algo estoy segura es que Tú estás conmigo...

Segundo: Si realmente quieres ser feliz, cuando Dios te bendiga no cierres tu mano, no cuestiones, no trates de entender el amor y la misericordia de Dios. Tu mente no está capacitada para comprender su grandeza. Me sorprende la cantidad de gente que pierden oportunidades en su vida por no valorar los regalos de Dios. Pierden la oportunidad de ser amados, ser respetados y desperdician lo más hermoso que es el amor por no estar seguros de sí mismos, por no creer que alguien les pueda amar y aceptar tal como son. ¡No le digas a Dios como debe estar envuelto el regalo, solo acéptalo y se feliz! Todos los regalos de Dios tienen un propósito especial, un día te darás cuenta.

Hace un tiempo atrás escuche el testimonio de una mujer muy valiente que me conmovió. Ella me comentaba que cuando era adolescente quedo embarazada y su familia entera quería que ella abortara, especialmente su madre, pero ella no pudo abortar. Hoy en día después de muchos años ella reside en Estados Unidos y su madre en su país la llama por teléfono y le dice, "tu hijo es un gran regalo de Dios para mí". El nieto que ella desprecio un día hoy cuida de ella. ¿Estás lista para recibir los regalos de Dios? Dios nunca te dará algo para lastimarte, siempre será para bendecirte ¡*acepta su regalo y se feliz!*

CAPITULO 9

Mi Último Día

"Buscad a Jehová mientras puede ser hallado,
llamadle en tanto que está cercano".
Isaías 55:6

La familia se había unido, mis padres, mis hermanos y algunos amigos, todos juntos en la mesa, riendo y celebrando, mas mi esposo y yo no nos hablábamos. Esforzábamos una que otra sonrisa para aparentar a los demás que todo estaba bien entre los dos. Nadie se daba cuenta. En un momento comencé a observarlo; su mirada era triste, su semblante cansado, su corazón estaba dolido como el mío... y pensé, *"si realmente lo amo debería olvidar lo que paso y perdonarlo"*. En ese instante, sin pensarlo dos veces, me di vuelta y lo abrase, sin palabras, sin preguntas, sin excusas, solo lo abrase y él me abrazo bien fuerte, sentí que un peso salía de él y de mí, nos miramos a los ojos y mutuamente sonreímos... ¡Qué alivio sentí!

"¡Mamá, mamá, mamá!" escuche una voz de fondo, era mi hija mayor despertándome. Era todo un sueño. "¿Por favor me puedes arreglar el pelo?" me dijo. Mi hija se estaba preparando para ir a la escuela, mi esposo estaba afuera listo para llevarla. Mientras la peinaba me quede pensando en lo que había soñado y recordé que la noche anterior, un comentario que me dijo mi esposo sin mucha importancia me hizo darle la espalda toda la noche y no dirigirle la palabra. ¡No lo había perdonado aún!

DECIDE PERDONAR

Mientras arreglaba el pelo de mi hija, escuche la voz de Dios, "¿Hija, le vas a dejar ir a tu esposo a la oficina sin saludarle?". No pensé que fuera mala idea, no era la primera vez que lo ignoraba por estar ofendida. Él continuó diciéndome: *"¿Qué harías diferente si esta fuera la última vez que puedes verlo? ¿Si te digo que él hoy no volverá a casa estarías conforme si hoy se escribe el último capítulo de su vida? ¿Podrías vivir feliz y satisfecha el resto de tu vida sabiendo que el hombre que amas, el amor de tu juventud, el padre ejemplar de tus hijos, la última vez que estuviste con él le diste la espalda por algo insignificante? ¿O te gustaría recordar que todos los días de su vida lo amaste y lo honraste, y que cada día se lo hacías saber?* Me puse fría, "¿Señor, me estas avisando que le pasara algo a mi esposo?

Mis ojos se pusieron llorosos, ¡por favor, no Señor! exclame. ¡No permitas que nada le pase! ¡Por favor! Mi corazón comenzó a latir más rápido. *"No te preocupes hija, nada le pasara"* me respondió dulcemente y su paz inundo mi corazón. "Quiero que aprendas a vivir cada día como si fuera tu ultimo día, tu última oportunidad. *¿Qué te gustaría que fueran tus últimas palabras hacia él? ¿Podrías vivir feliz sabiendo que cuando él se fue estabas enojada con él?".* "No Señor, no podría ni un segundo" conteste. *"Entonces corre, ve y dile que le amas, y olvida tu capricho".* Mire mi pijama, mi peinado, mi aliento y pensaba en los vecinos, ¿qué tal si me ven así? *"¡Corre, corre que está por irse!"* me volvió a decir.

Cuando salí él estaba en su auto a unos treinta pies de la casa, comencé a caminar de prisa, fui derecho a él, podía ver su rostro sorprendido, seguro pensó que tendría que recordarle de algo. Llegue al auto, me senté a su lado y lo abrase fuerte, tan fuerte como si fuera mi último abrazo, y le dije dulcemente "te amo". Para mi sorpresa, el mismo peso que sentí en el sueño salir de él y de mi ocurrió en ese momento, él me sonrío y ya no tenía más la misma mirada triste. Volviendo a casa Dios me volvió a hablar, *"vive cada día como si fuera tu ultimo día. No permitas que tus heridas, tu enojo, tu orgullo elijan por ti. ¡Elije ser feliz!"*. Tú tienes que decidir cerrarle la puerta al enojo, a la ira, al herirte, al ofenderte, al sentirte rechazada. La vida es muy corta *¡disfruta el amor y se feliz!*

"¡Y eso que ni siquiera saben qué sucederá mañana!
¿Qué es su vida? Ustedes son como la niebla, que aparece por un momento y luego se desvanece". Santiago 4:14 (NVI)

DECIDE DISFRUTAR

Tiempo después leí esta historia que trajo a memoria lo que Dios me enseño ese día: *Mi amigo abrió el closet de su mujer y sacó un paquete envuelto en un papel blanco. Éste, dijo, no es un simple paquete, es su vestido preferido. Tiró el papel y observó la preciosa seda del vestido. "Lo compró la primera vez que fuimos a New York hace 8 o 9 años... Nunca lo usó". "Lo guardaba para una ocasión especial... bien, creo que ésta es la ocasión adecuada". Se acercó a la cama y apoyó el vestido al lado de la ropa que había llevado a la funeraria. Su mujer acababa de morir. Se giró hacia mí y me dijo: "Nunca guardes nada para una ocasión especial, cada día que vives es una ocasión especial". Todavía pienso como me han cambiado la vida estas palabras. Ahora leo más y limpio menos, me siento en la terraza y admiro el panorama sin prestar atención a los hierbajos del jardín. Paso más tiempo con mi familia y*

mis amigos, y menos trabajando. He entendido que la vida es un conjunto de experiencias para gozar, no para sobrevivir. No guardo nada. Uso los mejores vasos todos los días. Me pongo el traje nuevo para ir al supermercado si me apetece. Ya no guardo mi mejor colonia para fiestas especiales, la uso todas las veces que me apetece. Las frase "Un día..." y "uno de estos días..." han desaparecido de mi vocabulario. Vale la pena hacerlo ahora... No sé lo que habría hecho la mujer de mi amigo, si hubiese sabido que no estaría aquí mañana. Creo que habría llamado a sus familiares y a sus amigos más íntimos. A lo mejor habría llamado viejos amigos para disculparse de viejas peleas. Me gusta pensar que habría ido a un restaurante chino... Su preferido. Son estas pequeñas cosas no hechas, las que me molestarían, si supiera que tengo las horas contadas. Estaría molesto porque dejaría de ver los amigos que vería "uno de estos días". Estaría molesto por no escribir esas cartas que quería escribir "algún día". Estaría molesto y triste porque no dije a mis hermanos y a mis hijos cuanto les quiero. Ahora intento no guardar nada que añadiría risa y alegría a nuestras vidas. Cada día, me digo a mí mismo que éste es un día especial.
Anónimo.

Estamos acostumbradas a ver la fecha de expiración en los alimentos, en los productos y las medicinas que compramos y sin darnos cuenta creo que muchas veces actuamos como si supiéramos nuestra propia fecha de expiración ¿pero quién la sabe sino Dios? ¡Nadie! Nadie sabe cuándo será tu último día... Nadie sabe cuándo será el último día de tus seres queridos... ¡Entonces, elige ser feliz y elige hacer feliz a los demás! No desperdicies el día que Dios te ha regalado. Mañana nadie sabe si tendrás la oportunidad que tuviste hoy... ¡Ama intensamente, disfruta a tus seres queridos, y se feliz!

DECIDE OLVÍDAR

El Apóstol Pablo escribió en Filipenses 3:13, *"Una cosa hago: olvidando ciertamente lo que queda atrás, y extendiéndome a lo que está delante"*. En la nueva versión internacional dice, *"olvidando lo que queda atrás y esforzándome por alcanzar lo que está delante"*. Un día meditando en estas palabras, el Espíritu Santo trajo a mi mente quien era Pablo antes de ser Apóstol del Señor, ¿de qué pasado nos habla? ¿Qué fue lo que olvido? En Gálatas 1:13 dice que Pablo, *"perseguía a la iglesia de Dios, tratando de destruirla"*. Él perseguía a la iglesia con furia y mataba a los cristianos. Que misericordia tuvo Dios con Pablo, y si Dios la tuvo con Pablo que era enemigo de la Iglesia, ¿cómo no la tendrá conmigo o contigo? El Apóstol Pablo creyó totalmente que Dios lo perdono. Todas hemos sido rescatadas por la gracia de Dios, pero no todas tomamos la decisión de olvidar nuestro pasado. Todas hemos sido perdonadas por Dios, pero no todas nos perdonamos a nosotras mismas. Decimos que amamos a Dios, que creemos en su gracia, pero diariamente elegimos llevar mochilas de culpa, de castigo, y terminamos lastimándonos a nosotras mismas por nuestra propia decisión.

El Apóstol Pablo comienza este versículo diciendo algo que estoy muy de acuerdo, él dice, *"yo mismo no pretendo haberlo ya alcanzado; pero una cosa hago"*. En otras palabras me está diciendo, no quiero que piensen que soy perfecto; pero esto si les voy a decir, no soy el hombre que era ayer, y mañana no seré quien soy hoy, porque una cosa me he propuesto hacer...*"olvidar lo que queda atrás"*. La clave está en tomar la decisión de "olvidar tu pasado". Tú no puedes manejar tu auto y pretender llegar a tu destino de preferencia mirando siempre por el espejo retrovisor. Ayer ya paso, para bien o para mal paso. Hoy es un nuevo día donde tú elijes terminar un capitulo y comenzar uno nuevo, y nadie sabe si hoy será el último capítulo de tu historia. Todos tenemos una fecha de expiración ¡aprende a disfrutar si estas respirando! Tú no puedes decidir tu comienzo, no puedes elegir tus padres o donde nacer. Pero si puedes elegir la actitud con que enfrentaras la vida.

*"Y aunque tu principio haya sido pequeño,
Tu postrer estado será muy grande".* Job 8:7

DECIDE ESFORZARTE
Segundo, el Apóstol Pablo dice *"esforzándome por alcanzar lo que está delante".* ¿Cómo me puedo esforzar? Esa palabra *"esforzándome"* o esforzarse significa: luchar, trabajar, desvivirse, esmerarse, intentar, procurar...

Gaspar Melchor dijo: "Bien están los buenos pensamientos, pero resultan tan livianos como burbuja de jabón, si no los sigue el esfuerzo para concretarlos en acción". En otras palabras esforzarse es una acción, y cada acción es ejercitada por una decisión que tomamos en un pensamiento. Yo decido olvidar y hago todo lo posible para no recordar, romperé algunas fotos, me mudo de ciudad, hago nuevas amigas, etc. Luego decido esforzarme para no cometer las mismas faltas, los mismos errores, vivir la misma tragedia otra vez. Si tengo que adquirir conocimiento, me esforzare para hacerlo. Si tengo que cambiar de actitud, me esforzare para mejorarla día a día. Si tengo que terminar relaciones toxicas que me lastiman y no me convienen, me esforzare para hacerlo, y luego continuaré con mi vida. Si es un pecado, aprenderé a depender cada día más en Dios y Él me dará el poder para no pecar.

*La mujer que decide PERDONAR y OLVIDAR es más fuerte
que aquella que no lo hace, aunque las ganas
de venganza la haga creer que lo es.*

¿Cómo Muere El Pecado En Mí?
El pecado muere en mí cuando lo dejo de alimentar. Si la computadora me está haciendo mal, entonces la voy a regalar a alguien que la necesite para un buen uso. Todo lo que me aleja de Dios lo voy a dejar... *"El ocuparse de la carne es muerte, pero el ocuparse del Espíritu es vida y paz"* (Romanos 8:6). Alguien una vez dijo, "Es muy difícil pecar con tus padres viéndote". Es muy difícil engañar, mentir, traicionar si la persona que más amas y admiras en la vida está presente. De la misma manera si tú no quieres pecar, acércate a Dios, te será muy difícil pecar en su compañía. Procura todos los días de tu vida estar cerca de Dios, no estés en lugares donde Él no disfruta estar, no hagas cosas que Él no está de acuerdo... Busca hacer siempre lo bueno, lo puro, lo agradable... En otras palabras Romanos 8:6 dice: *"Si vivimos pensando* (activando y creando con nuestra mente) *todo lo malo que nuestro cuerpo desea* (apetece, quiere, anhela, codicia) *entonces* (la consecuencia será que) *quedaremos separadas* (distanciadas) *de Dios"*.

"Porque el que siembra para su carne, de la carne segará corrupción; más el que siembra para el Espíritu, del Espíritu segará vida eterna".
Gálatas 6:8

¿Realmente Me Esfuerzo?
Es muy fácil hablar de todas las cosas que un día quisimos; nos propusimos y nunca logramos, pero muy pocas son las cosas que realmente podemos decir "me esforcé". Las parejas se casan con el sueño de formar una hermosa familia, pero muy pocas se esfuerzan para lograrlo. Los padres desean tener hijos ejemplares, pero muy pocos se esfuerzan en educarlos. Sueñan ver sus hijos llegar hacer personas exitosas, pero muy pocos se esfuerzan para que puedan graduarse de la universidad. He tenido el privilegio de conocer madres solteras, que

lucharon y se esforzaron por sacar a su familia adelante, con mucho orgullo me hablan de sus hijos graduados con títulos y carreras exitosas. Pero lamento decir que no siempre sucede así. Queremos cosechar cosas que nunca nos hemos esforzado en sembrar. Cuando la vida se trata de vivir día a día con la cosecha que has sembrado y cuidado ayer.

Se HUMILDE para admitir tus errores,
INTELIGENTE para aprender de ellos y
MADURA para corregirlos...

El Amor Es Una Flor
Una vez una mujer pidió hablar conmigo, la escuche por más de media hora decirme lo infeliz que era con su esposo, estaba decidida y quería divorciarse. Me sorprendió su decisión porque conocía a su esposo, el hombre no era Superman, pero era un hombre cristiano, la respetaba, era buen padre, buen esposo, trabajador... pero ella decía que ya no había amor entre los dos. Considere los hijos pequeños que tenían y el dolor tan fuerte que sería para ellos la separación y trate todo lo posible en convencerla que valía la pena esforzarse y trabajar en su relación con su esposo. Le hable acerca de mi esposo, le hable de mí, de nuestras diferencias, como nosotros también habíamos pasado momentos no gratos de recordar en nuestra relación. Le di el ejemplo nuestro, cuando en una ocasión en el comienzo de nuestro matrimonio llegue a pensar en separarnos porque creía que él no me amaba lo suficiente. Cuando en ese tiempo Dios me enseño que mientras estaba enfocada en todo lo que él tenía que mejorar, había estado ignorando todo lo que estaba mal en mí. Entonces tome una decisión valiente antes de terminar la relación, decidí intentar cambiar primero yo antes de pedirle a él que cambiara en algo, y cuando cambie por él, me gusto el cambio en mí, me convertí en una mejor persona, era más fácil de amar, era menos criticona, era más

amable y era más feliz. Lo sorprendente fue que él también comenzó a cambiar, y hasta el día de hoy seguimos aprendiendo y creciendo juntos. ¡Realmente el esforzarme valió la pena! Su respuesta a todo mi comentario fue que ya lo había intentado todo y que nada había cambiado y que estaba muy cansada. Por un momento me puse de su lado y la entendí, es mucho más difícil nadar contra la corriente. Entonces le pregunte ¿qué has hecho para restaurar tu matrimonio? Hay muy buenos libros cristianos para matrimonios ¿has leído alguno? ¿Han tenido consejería matrimonial? Ella respondía un "no" a cada una de mis preguntas. Pensé "¿qué es lo que la canso, sino ha intentado nada?". Cuando siembres nada cosecharas nada. Seguro ella estaría esperando que primero siembre el, para entonces sembrar ella ¡y seguro la espera la había cansado! El sembrar es trabajo de los dos en una relación, pero si algún día el deja de hacerlo por algún motivo, no dejes tú también. Continúa y anima a tu cónyuge a revivir el amor para el bien del matrimonio y de la familia. Cuando éramos novios mi esposo me decía frecuentemente "el amor es una flor que hay que cuidarla y regarla diariamente". Después de quince años de casados me encanta recordarle. ¿Qué me decías cuando éramos novios? ¿Recuerdas? Él sabe lo que quiero decir y me sonríe. Creo que necesitamos cuidar la flor.

Quiero decirte que te quiero y me importas mucho…

Lo triste en el matrimonio es que cuando no me esfuerzo, no hago nada para despertar el amor, no busco concejo para mejorar mi relación, lo que estoy diciendo con mi actitud es "no te necesito, no te quiero, no necesito cambiar, me importa poco que mi conducta te haya lastimado, estas equivocado y yo estoy bien". El enojarte con tu esposo, gritarle, tirarle la cacerola, o dejarle de cocinar nunca los acercará, más bien los irá lastimando por adentro, hasta llegar el día que sentirán tanto dolor por el solo hecho de estar cerca y mirarse. Procura hacer cosas que llamen su atención y le recuerden "te quiero y me importas mucho".

"No te apresures en tu espíritu a enojarte; porque el enojo reposa en el seno de los necios". Eclesiastés 7:9

Conozco algunas mujeres que pasaron por divorcios y si algo admiro de ellas es que hasta el último momento no se dieron por vencidas ¡lucharon por su matrimonio! Segundo, muchas de ellas luego de pasar por momentos bien difíciles de dolor y de rechazo tomaron la sabia decisión de perdonar toda ofensa, olvidar todo pasado triste, y refugiarse en el amor de Dios. Hoy son felices y hasta pueden tener una conversación normal con su ex cónyuge, sin odio, sin rencor, sin pleitos... con mucho respeto. ¡Las felicito! ¡Ellas decidieron ser feliz!

¿Es Mortal La Mordedura?
A una mujer le mordió una serpiente de cascabel y la llevaron al hospital de urgencia. Allí la paciente le preguntó al médico: "¿Es mortal la mordedura?" la respuesta fue: "La mordedura no, pero el veneno sí". Las "mordeduras", señalamientos, daño, quejas, reclamos, ataques, inconvenientes, golpes, mal tratos, chismes, rumores, que sufres a manos de otras personas son hirientes y dolorosas, pero no son mortales. Las cosas que te suceden por lo general no te destruyen; pero lo que ocurre en tu interior después de eso, sí puede hacerlo. Como si fuera veneno.

La amargura primero envenena tu mente. Hace que vuelvas a repetir en tu mente la herida hasta que ésta acaba controlándote. Recuerdo en una ocasión estar hablando con una líder de nuestra iglesia sobre ccmo me había lastimado una mujer que ambas conocíamos. Yo sabía que ella también había tenido una triste experiencia con esta señora, por lo tanto decidí confesarle mis penas. Al pasar los minutos sentía en mi interior al Espíritu Santo que me decía *"deja de hablar, olvídalo"* y yo decía entre mí, "sólo le contare un poquito más, necesito hablar, me hará bien". Pasaron otros minutos más y su voz continuaba diciéndome *"no hables más del tema, ya paso".* Cuando mire el reloj me di cuenta que había pasado una hora desde que había comenzado la conversación, y apenada decidí dejar de hablar sobre el tema. ¡Cuánto tiempo había perdido en recordar y hablar de algo que en nada me iba a bendecir! (Siempre he sido muy cuidadosa con mi tiempo y me dio mucho pesar darme cuenta cuanto tiempo había perdido). La palabra de Dios me enseña que todo lo que salga de mi boca debe ser para edificación. En Efesios 4:29 NVI dice *"Eviten toda conversación obscena. Por el contrario, que sus palabras contribuyan a la necesaria edificación y sean de bendición para quienes escuchan".* Aunque sabía la verdad, me deje engañar por mi corazón lastimado, influenciado por la amargura. Luego a las horas cuando volví a ver a la señora que me había lastimado me sentía "horrible", llena de culpa, triste, y hasta enojada con ella. Era como si había vuelto a vivir toda esa triste experiencia otra vez, pero esta vez me sentía peor que antes. En ese momento le dije a Dios: "Espíritu Santo por favor quita esta amargura de mí. No quiero tener nada contra ella" y Él con mucha ternura me recordó, *"¡te dije que no hablaras del tema!".* Nunca lo olvidare. Ese día aprendí que si realmente quiero perdonar debo aprender a olvidar. El recordar profundiza la herida y no deja que cicatrice. No me hago ningún bien cuando pienso en cuanto me han lastimado y cuando le cuento a todo mundo de mi herida, lo único que estoy haciendo es lastimarme a mí misma y haciéndolo más difícil para olvidar.

"El que guarda su boca y su lengua, su alma guarda de angustias".
Proverbios 21:23

Cuando Pedro le preguntó a Jesús: "¿Cuántas veces perdonaré a mi hermano? ¿Hasta siete?". Jesús le dijo: *"No te digo hasta siete, sino aun hasta setenta veces siete"* (Mateo 18:21-22). En otras palabras: "Perdona, perdona y perdona aún más". Es una decisión que hacemos a diario, los siete días de la semana... ¿Por qué siento amargura? Por la ira que permites en tus pensamientos. Es por eso que Dios quiere que cuando te sientas ofendida corras a Él para recibir de su gracia para poder perdonar y olvidar, entonces sanaras y la amargura no podrá estar en ti.

En Efesios 4:26 DHH dice: *"Si se enojan, no pequen; que el enojo no les dure todo el día".* No puedes evitar enojarte por algo, pero si puedes evitar estar enojada todo el día (no digo que sea fácil pero si se puede). Cuando sigues recordándote en "quién me hizo daño" la ira puede establecerse en tu corazón, haciendo de ti una persona hostil, crítica, acusadora y excesivamente estricta. A lo mejor te preguntas: ¿Sera verdad, podre controlar mi ira? La respuesta es que con la ayuda de Dios sí puedes; puedes estar en control de tus emociones. Por medio del Espíritu Santo quien te da "dominio propio", todo lo puedes hacer, sólo toma una decisión valiente de tu parte ¡Si puedo!

"Pues Dios no nos ha dado un espíritu de timidez,
sino de poder, de amor y de dominio propio".
2 Timoteo 1:7 NVI

Quizás no entiendas porque en ocasiones a ciertas personas le contestas mal, porque ciñes tu rostro y le haces mala cara, puede ser que en tu interior haya raíces de amargura que manejan tu manera de ser y de vivir. Pero en Cristo Jesús puedes ser libre de toda atadura. Rinde tu vida a Dios, pídele perdón por guardar tanta ira dentro de ti, perdona a quienes te hayan lastimado y veras como Dios sanará por completo tu interior.

DECIDE NO ENOJARTE

¿No has visto a alguien que está enojado? ¿Cómo describes su rostro? ¿Hermoso y radiante? ¡No! Puede ser una mujer muy hermosa, pero si está enojada se ve fea, agria, desagradable. La biblia dice: *"Mejor es morar en tierra desierta que con la mujer rencillosa e iracunda"* (Proverbios 21:19).

Enojo en el diccionario: Sentimiento que una persona experimenta cuando se siente contrariada o perjudicada por otra o por una cosa, como ante una falta de respeto, una desobediencia o un error.

El enojo es un sentimiento natural creado por Dios para hacernos saber que estamos disgustadas y que no estamos de acuerdo con algo, con alguien o con nosotras mismas. Especialmente nos enoja mucho la injusticia y la maldad. Pero ese sentimiento tenemos que saberlo controlar. El enojo no puede gobernarnos. Podemos seguir amando, perdonando y respetando aquellos que piensan diferente a nosotras (entre familia te pasara muy a menudo, siempre habrá alguien que no esté de acuerdo contigo). No debemos compórtanos indiferentes o irrespetuosas con ellos. Debemos respetarles. Si le permitimos el enojo puede tomar control de nuestras vidas y dañar nuestras relaciones con nuestros seres más queridos. Si no estás de acuerdo con alguien has todo lo posible para estarlo y si no logras estar de acuerdo, entonces sigue tu camino en paz. *"No te entremetas con el iracundo, ni te acompañes con el hombre de enojos, no sea que aprendas sus maneras, Y tomes lazo para tu alma"* (Proverbios 22:24-25).

"Pero Jonás se apesadumbró en extremo, y se enojó...
y Jehová le dijo: ¿Haces tú bien en enojarte tanto?"
Jonás 4:1-4

¿Te Has Enojado Con Dios Alguna Vez?
El Profeta Jonás se enojó con Dios. Él pensaba que Dios era muy bueno con la ciudad de Nínive y por eso se enojó (él no estaba de acuerdo con Dios), y el enojo lo llevo a desobedecer a Dios. *A Jonás le cayó muy mal lo que Dios había hecho, y se disgustó mucho. Así que oró al Señor, y le dijo: "Mira, Señor, esto es lo que yo decía que iba a pasar cuando aún me encontraba en mi tierra. Por eso quise huir de prisa a Tarsis, pues yo sé que tú eres un Dios tierno y compasivo, que no te enojas fácilmente, y que es tanto tu amor que anuncias un castigo y luego te arrepientes"* (Jonás 4:1-4 DHH).

¿Qué bien nos hacemos al enojarnos tanto? ¡Ninguno! El enojarnos nos llevará hacer cosas que no le agradan a Dios. Entonces ¿por qué nos enojamos? Muchas veces nos enojamos por desacuerdos, injusticias, mentiras, engaños o simplemente por estar cansadas. Pero no podemos estar toda la vida enojadas porque alguien nos hizo mal o porque no estamos de acuerdo. Quizás nos tome de sorpresa en el momento y nos cause mucho dolor, pero luego recapacitamos, nos tranquilizamos y tomamos decisiones sabias (no lo que el enojo me sugiere hacer, sino lo que la palabra de Dios dice). En otras ocasiones nos enojamos por razones mucho más peligrosas y aquí es donde tenemos que tener mucho cuidado, porque muchas veces nuestro enojo puede ser el producto de un pensamiento equivocado como:

1. POR FALTA DE AMOR A DIOS:
"Vino a él una mujer, con un vaso de alabastro de perfume de gran precio, y lo derramó sobre la cabeza de él, estando sentado a la mesa. Al ver esto, los discípulos se enojaron, diciendo: ¿Para qué este desperdicio? Porque esto podía haberse vendido a gran precio, y haberse dado a los pobres" (Mateo 26:7-9).

2. POR CELOS:

"Enseñaba Jesús en una sinagoga en el día de reposo; y había allí una mujer que desde hacía dieciocho años tenía espíritu de enfermedad, y andaba encorvada, y en ninguna manera se podía enderezar. Cuando Jesús la vio, la llamó y le dijo: Mujer, eres libre de tu enfermedad. Y puso las manos sobre ella; y ella se enderezó luego, y glorificaba a Dios. Pero el principal de la sinagoga, enojado de que Jesús hubiese sanado en el día de reposo, dijo a la gente: Seis días hay en que se debe trabajar; en éstos, pues, venid y sed sanados, y no en día de reposo. Entonces el Señor le respondió y dijo: Hipócrita, cada uno de vosotros ¿no desata en el día de reposo su buey o su asno del pesebre y lo lleva a beber?" (Lucas 13:10-15).

3. POR ENVIDIA:

"Él le dijo: Tu hermano ha venido; y tu padre ha hecho matar el becerro gordo, por haberle recibido bueno y sano. Entonces se enojó, y no quería entrar. Salió por tanto su padre, y le rogaba que entrase. Mas él, respondiendo, dijo al padre: He aquí, tantos años te sirvo, no habiéndote desobedecido jamás, y nunca me has dado ni un cabrito para gozarme con mis amigos" (Lucas 15:27-29).

4. POR ORGULLO:

"Entonces Eliseo le envió un mensajero, diciendo: Ve y lávate siete veces en el Jordán, y tu carne se te restaurará, y serás limpio. Y Naman se fue enojado, diciendo: He aquí yo decía para mí: Saldrá él luego, y estando en pie invocará el nombre de Jehová su Dios, y alzará su mano y tocará el lugar, y sanará la lepra. Habana y Farrar, ríos de Damasco, ¿no son mejores que todas las aguas de Israel? Si me lavare en ellos, ¿no seré también limpio? Y se volvió, y se fue enojado" (2 Reyes 5:10-12).

4. POR EGOÍSMO O VANAGLORIA:
"Entonces se le acercó la madre de los hijos de Zebedeo con sus hijos (Jacobo y Juan), postrándose ante él y pidiéndole algo. Él le dijo: ¿Qué quieres? Ella le dijo: Ordena que en tu reino se sienten estos dos hijos míos, el uno a tu derecha, y el otro a tu izquierda... Cuando los diez oyeron esto, se enojaron contra los dos hermanos" (Mateo 20:20-24).

5. POR PREOCUPARNOS:
"No te entregues a la tristeza, ni te atormentes con tus pensamientos. La alegría del corazón es la vida del hombre, la dicha le alarga los años. Cálmate, tranquiliza tu corazón y aleja de ti el enojo, pues los pleitos han causado la muerte a muchos y el enojo no trae ningún provecho. La envidia y los pleitos acortan la vida, y las preocupaciones hacen viejo antes de tiempo. Un corazón contento es como un banquete que trae buen provecho al que lo come" (Eclesiastés 30:21-25).

"Seguid la paz con todos, y la santidad, sin la cual nadie verá al Señor. Mirad bien, no sea que alguno deje de alcanzar la gracia de Dios; que brotando alguna raíz de amargura, os estorbe, y por ella muchos sean contaminados".
Hebreos 12:14-15

DECIDE RENOVAR TU MENTE

¿Qué decisiones debemos tomar para que el enojo no nos contamine? En Efesios 4 encontraras varias respuestas, pero creo que en resumen lo más importante es *"renovar nuestra mente"* (Efesios 4:23). Nuestra mente necesita limpieza diaria. Siempre habrá algo que nos disguste, que estemos en desacuerdo, alguien que nos provoque a enojarnos. Entonces, a diario tengo que programarme ¿cómo le voy a responder a esta persona que me altera siempre? ¿Qué voy hacer con esta situación que me enoja?

¿Me va afectar? ¿Me va a enfermar? ¿Me va a volver loca? ¡No! Todos los días de mi vida tengo que decidir por mi propia cuenta que es lo que quiero vivir y como voy a vivir. Es mi trabajo procurar que no halla enojo en mí. En Efesios 4:23-24 dice: *"Quítense de vosotros toda amargura, enojo, ira, gritería y maledicencia, y toda malicia. Antes sed benignos unos con otros, misericordiosos, perdonándoos unos a otros, como Dios también os perdono a vosotros en Cristo".* Si la palabra de Dios dice que me lo puedo quitar, entonces significa que el enojo lo puedo evitar. Si todavía estoy enojada es porque aún no he decidido quitármelo. ¿Vale la pena? ¿Me hace algún bien?

El otro día a mi hija menor Kristen se le rompió un vaso de vidrio en la mesa del comedor y por unos segundos me enoje un poco, "ten más cuidado Kristen" le dije en vos alta. No pasaron más de diez segundos que camino a la cocina, a mí también se me cayó un vaso de vidrio. Al instante Dios me hablo y me dijo: *"A ti también te puede pasar, no te enojes con la niña".* Cuando estoy cansada o en desacuerdo con alguien y comienzo a sentir el enojo crecer dentro de mi recuerdo sus palabras y pienso "yo también me puedo equivocar". Y cuando me equivoque, ¿me gustaría que se enojen conmigo? Aprende a controlar tus emociones, no dejes que te controlen a ti. Sal corriendo del peligro, evita situaciones que sabes que te harán enojar fácilmente y evita hablar con gente que solo quieren pelear. ¡No pierdas el tiempo!

"Aleja de tu boca la perversidad; aparta tus labios las palabras corruptas. Pon la mirada en lo que tienes delante; fija la vista en lo que está frente a ti". Proverbios 4:24-25

En Efesios 4:26-27 dice: *"Airaos, pero no pequéis; no se ponga el sol sobre vuestro enojo, ni deis lugar al diablo".* En otras palabras, me puedo enojar por algo, pero no durare mucho tiempo enojada. No quiero que el enemigo use esa oportunidad en mi contra y ponga en mi falta de perdón, odio, ira, celos, envidia, venganza, amargura, enfermedades, etc. Si el enojo gobierna lo que hago, lo que digo, lo que siento, caí en su trampa, estoy en peligro... y no quiero ser su esclava ¡Yo decido ser libre!

Clavos En La Puerta
Había una vez un muchacho que tenía muy mal carácter. Su padre le dio una bolsa de clavos y le dijo que cada vez que perdiera la paciencia clavara uno detrás de la puerta. El primer día, el muchacho clavo 37 clavos detrás de la puerta. Las semanas que siguieron, a medida que él iba controlando su genio, clavaba cada vez menos clavos detrás de la puerta. Descubrió que era más fácil controlar su genio que clavar un clavo detrás de la puerta. Llegó el día en que pudo controlar su carácter durante todo el día. Después de informárselo a su padre, este le sugerio que retirara un clavo cada día que lograra controlar su carácter. Los días pasaron y el joven pudo anunciarle a su padre que no quedaban más clavos en la puerta. Su padre lo tomo de la mano y lo llevo hasta la puerta y le dijo "Has trabajado duro, hijo mío, pero mira todos esos hoyos en la puerta, nunca será la misma. Cada vez que tu pierdes la paciencia, dejas cicatrices como las que ves aquí". Tú puedes insultar a una persona y retirar lo dicho, pero del modo que se lo digas le devastará, y la cicatriz perdurará para siempre. Una ofensa verbal es tan dañina como una física.

El Enojo Nos Ciega
El otro día fui al supermercado de prisa, tenía que llevar unos pasteles para compartir en la iglesia y quería salir rápido. Cuando estaba en la fila para pagar me sorprendió la mujer que estaba delante de mí. Por cada producto que quería comprar discutía con la cajera, como si fuera culpa

de la señorita que los precios habían subido. Me dio tanto pesar por la empleada, ella le respondía con calma y con mucho respeto. Pensé, seguro ha tenido un mal día la señora, está muy disgustada, esta es mi oportunidad para sorprenderla, alegrarle el día y bendecirla. Prepare mi mejor sonrisa y le dije amablemente: "¿Me permite pagarle su cuenta?". Lo que sucedió a continuación no me lo esperaba, la mujer se dio vuelta, me miro con desprecio y en alta voz me dijo: "¿y a usted que le pasa? ¡Déjeme tranquila!". No podía creer que alguien me había rechazado de esa manera y avergonzado en público por querer ayudarle. Me sentí ofendida y en ese momento le dije a Dios, "no puedo creer que esta mujer no quiere mi ayuda" y en ese mismo instante Él me respondió: *"Yo sé lo que tú sientes me ocurre todo el tiempo ¡perdónala, olvida y se feliz!"*. Cuando pensé que la señora ya iba a terminar de pelear por los precios, le toco pagar, y comenzó a discutir otra vez por unas monedas. La cajera la miro y le dijo: "Señora, no se preocupe yo las pongo". La mujer volvió a responder muy disgustada: "¿Qué le pasa a ustedes?". La mujer estaba tan enojada, que el enojo la había cegado. El enojo controlaba su actitud, su mirada y sus palabras, y aún aquellos que la trataban con respeto y querían ayudarle recibían su desprecio. Al irse finalmente la señora, me quede hablando con la cajera mientras pasaba mi compra y le dije: "¡Olvídalo, no te sientas mal, nosotras sólo queríamos ayudarle!". Ella sonriendo me dijo, "no podía creer que usted quería pagar su cuenta, eso me gustó mucho". ¡Qué bueno que a alguien pude hacer feliz!

No pierdas tiempo en enojarte o en ponerte triste. Decide ser feliz, además el enojo nos arruga ¡y las cremas no son baratas! Siempre hay algo que podemos aprender de cada situación que nos ocurre. Hace unas semanas fuimos con mis hijos a visitar a mi mamá que vive en Texas. Teníamos que hacer escala en Atlanta y como el avión llego atrasado perdimos el vuelo de conexión. Los empleados de la aerolínea nos decidían que teníamos que esperar hasta el próximo vuelo que saliera para Texas. Esperamos el próximo vuelo pero no se pudo, no había ocupo. El segundo tampoco, el tercero y el cuarto tampoco. El quinto vuelo casi subimos, íbamos caminando por la manga del avión y a pasos de entrar nos llaman porque habían llegado los pasajeros para ese vuelo. Los niños estaban ansiosos por llegar a Texas y no les agradaba para nada tener que esperar en el aeropuerto tantas horas. Cuando me di cuenta que estaban enojados aproveche la oportunidad para enseñarles algo. Les dije podemos estar enojados o podemos ir a comprarnos un helado y olvidarnos de este mal momento. ¿Qué les parece? ¡Ustedes deciden! Enseguida volvió la alegría en sus rostros, los tres decidieron disfrutar de un rico helado. Cuando la vida te de limones, no te enojes... ¡hazte una buena limonada y se feliz!

"El hombre iracundo promueve contiendas;
más el que tarda en airarse apacigua la rencilla". Proverbios 15:18

"El hombre iracundo levanta contiendas,
Y el furioso muchas veces peca. La soberbia del hombre le abate;
Pero al humilde de espíritu sustenta la honra". Proverbios 29:22-23

"El deseo de los justos es solamente el bien;
Más la esperanza de los impíos es el enojo". Proverbios 11:23

"El que fácilmente se enoja hará locuras;
Y el hombre perverso será aborrecido". Proverbios 14:17

CAPITULO 10

Niña Caprichosa

"En tus estatutos meditare; Considerare tus caminos.
Me regocijare en tus estatutos; No me olvidare de tus palabras".
Salmos 119:15-16

Quiero irme lejos ¡bien lejos! ¿Por qué? No sé, solo sé que quiero irme bien, bien, bien lejos... ¿Has tenido ese pensamiento alguna vez? ¡Qué bueno sería irme de casa, mis padres no me entienden! Si me fuera lejos seguro me apreciarían más. Quizás lo estés pensando ahora mismo ¡qué bueno sería escaparme del trabajo y no regresar más, este jefe no lo soporto, nadie me aprecia aquí! Que bien se siente decir eso y que bueno que mi esposo me entiende cuando pienso en vos alta, es la única persona que se ríe conmigo, no hace preguntas, ni se queda preocupado. Él sabe que no me iré a ningún lado, aunque tenga unas ganas inmensas de darme un viaje a la luna.

Charles Stanley dijo una vez, *"demasiada tensión en un periodo de tiempo dado nos debilita física, mental y emocionalmente"* y estoy de acuerdo. Había terminado de predicar, estaba triste y desanimada, sentía como que si a nadie le había importado el mensaje. No podía sacar de mi mente los mensajes de correo que había recibido y los mensajes en el teléfono ¡estaba cansada! Pensaba, ¡esta gente no cambia! (parecía Moisés quejándome del pueblo en el desierto). Le pregunte a Dios ¿para qué me mandas hablar estos temas, si la gente sigue actuando igual? Si el hipócrita se siente orgulloso de ser hipócrita y el chismoso piensa ser muy espiritual, dice "le cuento esto para que oremos". ¿Señor, que hago aquí? ¿No tienes una isla en el caribe donde me necesites? Llegue a casa y comencé a buscar mi medicina "la palabra". Cuando no sé qué hacer, cuando quiero escapar y salir corriendo voy a la palabra. Y así fue, como agua en el desierto llego a mi alma la palabra, justo a tiempo. Nehemías 5:10 dice *"el gozo del señor es mi fortaleza"*. ¡Qué alivio! Esa noche reflexione, el enemigo está tras mi gozo y me lo quiere quitar. Al enemigo no le importa mi auto, mi vestido nuevo o mi cartera, él quiere el gozo que Dios me dio, porque es lo que me fortalece. Cuando se presente la aflicción, él me provocara con mentiras y tratará de convencerme para que yo se lo entregue ¡pero se equivocó de cliente! No le daré mi gozo, Dios me lo dio, es mi fortaleza y nadie me lo puede quitar. Tenemos que entender que el diablo no está tras nuestras cosas materiales, está tras nuestro gozo ¡no se lo entregues!

Nuestro enemigo quiere vernos infelices, tristes, desanimadas, porque entonces seremos débiles, fácil para él destruirnos. Pero se equivocó, no le entregare mi gozo, no me va a engañar... ¡El gozo que Dios me dio es mi fortaleza! Y si Dios me tiene aquí es por un propósito, hare su voluntad y no la mía. Me fui a la cama tranquila esa noche y dormí como un bebé, la mañana siguiente era el día de las madres (pero no sabía que también era día de examen). Desperté y pensé, ¡que buen día! Hoy celebrare con mi familia y me hará muy bien (especialmente para olvidarme que ayer me quería desaparecer del planeta). Cuando de repente escucho los pasos de mi esposo acercarse a la habitación. Me imagine, seguro viene con flores, o quizás me trae el desayuno a la cama, ¿qué sorpresa tendrá este año? ¿Me hago la dormida para que piense que me sorprendió? "¡Mi amor!" exclamo mi esposo. Me doy vuelta y para mi asombro, no había desayuno, no había flores, ni siquiera una tarjeta. ¿Qué había? Un hombre despeinado en su pijama diciéndome, "tengo fiebre, me duele todo el cuerpo, tengo una pelota en mi cuello, creo que es una infección de garganta, necesito que prediques por mí y atiendas la iglesia por favor, me voy a quedar, no puedo moverme, me duele mucho". "No mi amor, tú puedes, tú puedes" le respondí animándolo. Pensamientos de desánimo, inseguridad y tristeza comenzaron abundar en mi mente. Me arrodille a su lado y le roge una vez más, "por favor, es el día de las madres, tú tienes la predica lista, además no puedo ir sola sin mi familia, ¿cómo aparecerme en la iglesia sin ti el día de las madres? ¡Te necesito!". Mientras intentaba convencerle recordé lo que había meditado la noche anterior, *"el gozo del señor es tu fortaleza"* (Nehemías 8:10). Dios sabía que necesitaría su palabra y la sello en mi corazón. Me pare y comencé a predicarme a mí misma, "¡Débora no olvides, pase lo que pase no entregues tu gozo, tú puedes!". Una y otra vez me decía, "Débora, tú eres fuerte, tú puedes, Dios está contigo". Me cambie y fui para la iglesia sola sin tener la menor idea de lo que ministraría en el servicio. Mientras caminaba hacia el altar, a pasos de subir al pulpito Dios me dijo: *"Predícales a las madres y diles que no importa quien este hoy con ellas, quien se haya acordado de honrarle, o como estén sus hijos, nadie les puede quitar el gozo que yo les di, que no lo entreguen. Que disfruten este día y que sean feliz".*

Que mañana gloriosa tuvimos ese día, no era la única madre que el enemigo estaba intentando quitarle el gozo. Al terminar ore por todas las madres, proclamamos nuestras familias para Dios y tuvimos un hermoso momento en el altar. Justo antes de finalizar el servicio, mientras una niña danzaba una hermosa canción, Dios comenzó hablarme, y me dijo: *"¿Recuerdas mi palabra? Cuando pases por las aguas, yo estaré contigo; y si por los ríos, no te anegaran. Cuando pases por el fuego, no te quemaras, ni la llama arderá en ti"* (Isaías 43:2). "Sí Señor, Tú estarás conmigo, lo sé." respondí segura (lo acababa de comprobar una vez más, Él me había respaldado). Me dijo: *"¿Sabes por qué en ocasiones permito que pases por las aguas? Para que aprendas a desprenderte de todo peso que llevas en el camino y no necesitas"* (Hebreos 12:1-2). Hay cosas por la cual nos afanamos tanto porque creemos que son esenciales para vivir y ser feliz, pero en realidad no lo son. *"¿Y por el fuego? Para quemar las impurezas que hay en ti, para que puedas brillar como el oro"*. Dios continuo explicándome, *"Cada vez que piensas en escaparte o en tirar la toalla, lo que está ocurriendo es que estas en uno de esos procesos, pero si te escapas, si te doy la salida antes de tiempo no puedo terminar la obra que comencé en ti... ¿y tú quieres brillar verdad? ¿Quieres ser feliz sin importar la circunstancia que estés viviendo?"*. ¡Sí señor, quiero ser feliz! respondí. Me dijo: *"Bueno, no te quejes de las aguas, yo estoy contigo, y del fuego no te asustes que la llama no arderá en ti"*. Aunque no entiendas hoy por las aguas que Dios te está permitiendo pasar, no te rindas sigue nadando. ¡Dios está contigo, no te vas a hundir! Estas aprendiendo a lidiar con toda clase de persona y circunstancias, a guardar tu postura, a mantener tu calma, a contestar sabiamente y a callar también... ¿Cuánto nos cuesta cerrar la boquita? Morris Cerullo, un gran hombre de Dios dijo: "Cuando logramos poner nuestra lengua bajo la autoridad del Espíritu Santo, tenemos todo nuestro cuerpo bajo control". Estas experiencias incomodas que Dios permite que pasemos producen en nosotras paciencia (Santiago 1:3).

Muy pronto te darás cuenta que es mucho más fácil nadar, si dejas a un lado todo el peso que llevas innecesariamente en tu vida. Cuando sientas fuego, deja que queme en ti toda impureza, no salgas corriendo, enfréntalo. Quemara en ti todo orgullo, toda soberbia, toda falta de perdón, toda inseguridad, toda incredulidad y saldrás del fuego con una fe más pura. *"El oro, aunque perecedero, se acrisola al fuego. Así también la fe de ustedes, que vale mucho más que el oro, al ser acrisolada por las pruebas demostrará que es digna de aprobación, gloria y honor cuando Jesucristo se revele"* (1 Pedro 1:7). Hoy si quiero irme a la luna me recuerdo, ¿Débora, por qué te quieres perder esta oportunidad de crecer y aprender algo nuevo? Disfruta la aventura que ya en poco se termina... ¡Suelta todo peso y se feliz!

Recuerdo una reflexión que leí hace un tiempo... *Le pedí a Dios que me quitara el orgullo, me dijo "No. Eso no es algo que yo debo quitarte, sino que tú tienes que entregar". Le pedí a Dios que me concediera paciencia, me dijo "No. La paciencia es producto de la tribulación, no se concede, se conquista". Le pedí a Dios felicidad, me dijo "No. Yo te doy las bendiciones, la felicidad depende de ti...".*

DECIDE ORAR

Hubo un hombre de Ramá, que se llamaba Elcaná, de la tribu de Efraím. Tenía dos mujeres: una se llamaba Ana y la otra Penina. Penina tenía hijos, pero Ana no. Este hombre subía de año en año desde su ciudad para adorar y ofrecer sacrificios a Dios. El día en que sacrificaba, daba porciones para su mujer Penina y para cada uno de sus hijos e hijas, pero a Ana le daba una porción especial, pues aunque no tenía hijos era su preferida. Penina, su rival la irritaba, enojándola y entristeciéndola de continuo porque era estéril. Así sucedía año tras año cuando iban al templo hasta que Ana se ponía a llorar y ni comer quería. Una vez, estando en el templo y a la vista del sacerdote Elí, Ana llena de amargura oró a Dios llorando sin consuelo, e hizo este voto:

"¡Señor Todopoderoso! Si te dignas mirar la aflicción de tu sierva y acordarte de mí, no olvidarte de tu sierva y darle un hijo varón, yo te lo entregaré por todos los días de su vida y la navaja no tocará su cabeza. Ana oraba en silencio, de manera que sus labios se movían, pero no se oía su voz, y Elí creyó que estaba ebria, y le dijo: ¿Hasta cuándo va a durar tu borrachera? ¡Deja ya el vino! Pero Ana le respondió: No, señor; no he bebido vino ni cosa embriagante. Soy solo una mujer angustiada que ha venido a desahogarse delante del Señor. No me tome usted por una mala mujer. He pasado este tiempo orando debido a mi angustia y aflicción. Elí le respondió: Vete en paz y que el Dios de Israel te conceda lo que le has pedido. Ella dijo: Que tu sierva halle gracia a tus ojos". Ana se volvió, comió y desde ese momento su semblante cambio. Al día siguiente se levantaron de mañana y después de adorar al Señor, regresaron a su casa. Llegado el tiempo, Dios cumplió su promesa, Ana concibió y dio a luz un niño a quien llamó Samuel, diciendo *«por cuanto lo pedí a Jehová»* (1 Samuel 1: 1-20).

¡Que hermoso es poder hablar con Dios! Dios siempre está atento a la oración de sus hijas (Salmos 65:2) y que bueno es saber que Él nos entiende y que también nos responde. Admiro a Ana por su valentía en decidir sabiamente. Ella sabía que de nada le serviría pelear con Penina su rival, ella necesitaba el favor de Dios. Cuando oramos a Dios nos hacemos un gran beneficio porque nos quitamos todo el enojo, la tristeza, los temores, y Ana oro hasta quedarse sin lágrimas, deposito toda su esperanza en Dios. Además, cuando el sacerdote Eli le dio la bendición, ella no cuestiono, ni dudo sus palabras, ella le creyó con todo su corazón al punto que ya no estaba más triste. *"Y ella dijo: Halle tu sierva gracia delante de tus ojos. Y se fue la mujer por su camino, y comió, y no estuvo más triste"* (1 Samuel 1:18). Si en este día pones toda tu esperanza en Dios y le crees a su palabra, hoy la tristeza no podrá contigo…

"¿Acaso Dios no hará justicia a sus escogidos, que claman a él día y noche? ¿Se tardará mucho en responderles?".
Lucas 1:7 NVI

DECIDE SER MADURA

Cuando Dios se refiere a que debemos ser como niños, nos está hablando de la fe que debemos de tener para creer todo lo que Él es y para recibir todo lo que Él tiene para nosotras. Otra cualidad sobresaliente de los niños es la manera en que ellos aman. Y esas buenas cualidades son dignas de tener porque nos ayudaran a ser más sensibles y no tan prejuiciosas. El otro día mi hija Kristen me hizo recapacitar, se enojó con su mejor amiga, hasta lloro y no quería hablarle más. Al rato, las veo abrazadas otra vez como si nunca se hubieran ofendido. ¡Disfruto observarlas y aprender de ellas! ¡Qué fácil perdonan y olvidan! Pero en cuestión de carácter, Dios quiere enseñarnos a ser obedientes, pacientes, "maduras". Los niños creen y aman fácilmente pero no les gusta la disciplina, no les gusta que les digan que "no", porque no tienen conciencia del peligro y de las malas consecuencias, ellos creen estar haciendo todo bien a su manera. Ahora, es fácil creerle a Dios y confiar en Él cuando Él nos da todo y nos dice "sí cariño". ¿Pero puedes seguir creyendo y confiando en Él cuándo te dice que no? ¿Puedes esperar por sus promesas sin perder la fe? ¿Puedes esperar pacientemente? A mis hijos les cuesta mucho esperar, con decirte que tenemos unas vacaciones planeadas a fin de mes y mi hija menor ya tiene su maleta hecha hace semanas y pregunta todos los días cuanto falta para irnos. ¡Niña, aprende a confiar en papá, no te afanes, ya falta poco!

"Cuando yo era niña, hablaba como niña, pensaba como niña;
Más cuando ya fui mujer, deje lo que era de niña".
1 Corintios 13:11

Solo Fantasías

Había pasado una semana muy gris y estaba muy desanimada. Me sentía cansada y aburrida. ¿Hasta cuándo tendré que esperar? ¿Hasta cuándo esta persona va a cambiar? ¿Hasta cuándo esta situación mejorará? ¿Hasta cuándo? Era un día lunes cuando desperté y apenas abrí mis ojos le pedí a Dios una palabra para levantarme. Necesitaba oír su voz para comenzar ese nuevo día. Me senté en la cama, tome mi celular, puse la aplicación con la biblia que tengo y el versículo del día era Proverbios 28:19 que en Ingles dice: *"Those who work their land will have abundant food, but those who chase fantasies will have their fill of poverty"* (Proverbs 28:19 NIV). Me sorprendió la traducción de este versículo, no lo había leído antes en Ingles y en esa versión. La traducción al español seria *"Aquellos que trabajan su tierra tendrán abundante comida, pero aquellos que persiguen fantasías serán llenos de pobreza"*. En ese instante Dios me hablo y me dijo: *"Hija, si siembras buena semilla y trabajas sin desmayar cosecharas lo que estas esperando, pero si estas esperando obtener lo que tu mente imagina que debes recibir sólo estás fantaseando y es por eso que no ves ningún resultado y te frustras"*. Nunca lo había visto de esa manera, Dios trajo luz a mi mente y pensé entre mi ¡estoy llena de fantasías! No podía creerlo. ¿Por qué estaba esperando que mis fantasías se cumplieran? ¡Si no son reales! Ningún sapo se ha convertido en príncipe, ni tampoco ninguna calabaza en carroza, las ratitas no limpian las casas y los pájaros no hacen vestidos. Me puse a pensar especialmente en lo que estaba cansada de esperar y ninguna de mis razones tenían sentido. Tenía una lista de deseos fantasiosos y no me había dado cuenta.

Mi casa tiene que verse así…
Mis hijos tienen que comportarse así…
Mi esposo me tiene que amar así….

Mi familia tiene que hacer así...
Esta situación tiene que cambiar así...
La iglesia tiene que crecer así...

Si mi casa no la organizo, no importa cuánto me la imagine organizada no se organizará sola. Si no tomo tiempo para corregir y enseñar a mis hijos no se van a educar solos. No importa cuánto quiera que mi esposo me ame como yo me imagino que me debe amar, él me va amar a su manera. Puedo imaginarme todo lo que yo quiero que mi familia haga, pero cada uno de ellos hará lo que piensan que es mejor. Cada situación en mi vida está sujeta a cambio, y no siempre tomara el rumbo que yo me imagino. Amo la iglesia, amo la gente... pero solo con imaginarme lo que podemos lograr unidos no es suficiente...

"fantasía":
1. Facultad de imaginar cosas que no existen en la realidad.
2. Cosa o idea que una persona se imagina.
3. Imaginación creadora o facultad mental para inventar o producir obras literarias o de arte

Creía que las fantasías eran sólo para las niñas que se imaginan ser princesas, vivir en un castillo y casarse con el príncipe azul. Pero no necesariamente tenía que imaginarme que era una princesa, podía imaginarme muchísimas otras cosas más y vivir esperando el día que sorprendentemente todo cambiara y fuera como yo me imaginaba. ¡Que infantil de mi parte!

"El que labra su tierra tendrá abundante comida,
pero el que sueña despierto es un imprudente".
Proverbios 12:11 NVI

Esa mañana me di cuenta cuan imprudente estaba siendo. ¿Qué significa imprudente? Aquel que no tiene prudencia, que no tiene cautela o bien juicio (cuando eres irreflexivo, precipitado, temerario, irresponsable, ligero, confiado, atolondrado, disparatado). En mis propias palabras me estaba comportando como una "niña caprichosa" que quiere todo a su manera.

En Efesios 5:17 dice: *"Por tanto, no seáis IMPRUDENTES, sino entendidos de cual sea la voluntad del Señor"*. Tengo que aceptar la buena voluntad de Dios para mí. Su voluntad es agradable y perfecta, aunque yo no la entienda en este momento ¡así es! ¡Es agradable y perfecta! (Romanos 12:2). Él tiene el control de mi vida. Puedo confiar en Él, porque Él sabe que es lo mejor para mi… y está bien. Tengo que saber que no todo en la vida se dará tal y como yo me lo imagino. Habrá días soleados y días de lluvia. Días de mucho calor y días de mucho frio. No podre controlar todo lo que ocurra a mí alrededor… y está bien. La gente tomara sus propias decisiones no importa cuánto quiera yo ayudarles, ellos tienen su propia voluntad… y está bien. Seré agradecida con Dios por lo que tengo y por lo que no tengo, por quien está conmigo y por quien no está. Porque Él sostiene mi vida y todo me ayudara para bien (Romanos 8:28). ¿Puedes decírtelo? ¡Todo está bien!

> *"Dando gracias siempre de todo al Dios y Padre en el nombre de nuestro Señor Jesucristo".*
> *Efesios 5:20*

Un Día A La Vez
He aprendido que cuanto más agradecida estoy con Dios más feliz me siento. Ya no tengo listas, ni tampoco expectativas en cómo tiene que ser mi vida y como tienen que ser los demás. Vivo un día a la vez y disfruto

todo lo que más pueda. Si llueve soy feliz con la lluvia, ese día no tengo que regar las plantas. Si hace calor soy feliz tomando sol y viendo a mis hijos jugar con el agua. Si nieva soy feliz mirando la nieve caer y pintar mi calle como una postal. ¡Espera un segundo! No me mal intérpretes, sigo soñando, imaginándome lo que deseo ver hoy más que nunca… pero no me siento debajo de un árbol a esperar que todo se dé como yo quiero. ¡No! Sueño, planeo y luego comienzo a trabajar por lo que me imagino. ¡Mi casa no se va a organizar sola! Y si después de dar lo mejor de mi esfuerzo no se parece en nada a lo que yo quería… ¡está bien! Lo intentare otra vez y sino cambio de sueño ¡nadie me ha cobrado por soñar! He aprendido que no tengo porque frustrarme, en nada me ayuda quejarme. Hoy entiendo que todo ocurre por un propósito. Cuando pierdo y cuando gano estoy aprendiendo, y mi tiempo de espera nunca es tiempo perdido algo Dios está procesando en mí. ¿Y la gente? Bueno, estoy en clases todavía. Hay personas que en realidad son bien difíciles de tratar, pero con la ayuda de Dios ¡nada es imposible! He aprendido que debo darles permiso a ser ellos mismos y a equivocarse como yo me equivoco también. Me pregunto: ¿Qué quiere Dios que aprenda de esta persona? ¿Qué quiere Dios que aprenda con esta situación? ¡Dios nunca desperdicia una oportunidad para enseñarme algo nuevo! ¡Paciencia Débora, paaaaaciencia!

"No perdáis, pues, vuestra confianza, que tiene grande galardón; porque os es necesaria la paciencia, para que habiendo hecho la voluntad de Dios, obtengáis la promesa".
Hebreos 10:35-36

El Bambú Japonés
Hay algo muy curioso que aprendí del bambú japonés. ¿Sabías que cuando siembras una semilla de bambú durante los primeros siete años

no ves nada? ¡Siete años! Sin embargo, durante el séptimo año, en un período de sólo seis semanas la planta de bambú crece más de 30 metros. ¿Tardó sólo seis semanas en crecer? No, la verdad es que se tomó siete años y seis semanas para desarrollarse. Durante los primeros siete años de aparente inactividad, este bambú estaba generando un complejo sistema de raíces que le permitirían sostener el crecimiento que iba a tener después de siete años. De igual manera es necesario entender que en muchas ocasiones estaremos frente a situaciones en las que creemos que nada está sucediendo y esto puede ser extremadamente frustrante. En esos momentos de espera (que todas tenemos), que bueno sería recordar el ciclo de maduración del bambú japonés. Aceptar con calma que aunque no veamos lo que estamos esperando en nuestras vidas, sí está sucediendo algo dentro de nosotros: estamos creciendo, estamos madurando. Si no consigues lo que anhelas, no te desesperes... Quizás sólo estés echando raíces porque crecerás muy alto.

"Más la que cayó en buena tierra, éstos son los que con corazón bueno y recto retienen la palabra oída, y llevan fruto en paciencia".
Lucas 8:15

"En vuestra paciencia poseeréis vuestras almas". Lucas 21:19

"Y no sólo esto, mas aún nos gloriamos en las tribulaciones, sabiendo que la tribulación produce paciencia".
Romanos 5:3

"Que no os hagáis perezosos, mas imitadores de aquellos que por la fe y la paciencia heredan las promesas".
Hebreos 6:12

¿Qué estoy esperando en mi vida? Crecer y amarme más... ¿En mi relación con Dios? Conocerle y amarle más. ¿En mis relaciones con otros? Servirles y amarles más. ¿En mi iglesia? Más amor, más unidad, más crecimiento. ¿En mis finanzas? Dar más y no pedir prestado. Ahora, eso es lo que deseo, entonces voy a sembrar, voy a trabajar y también voy a esperar el tiempo que Dios disponga para darme la cosecha de lo que deseo ¿y mientras espero? Bueno, seguiré regando las semillas y refrescando mis pies con el agua. Siempre lo hago cuando riego mis plantas en el verano ¡que rico se siente!

Mi vida es un jardín donde tengo que sembrar lo que deseo cosechar, si cuido bien mi tierra tendré un hermoso jardín y siempre tendré fruto para comer. *"El que trabaja la tierra tendrá abundante comida; el que sueña despierto sólo abundará en pobreza"* (Proverbios 28:19 NVI). Si me siento a ver como tiene mi vecina su jardín y paso todo el día comparándome e imaginándome algún día tener su jardín estoy fantaseando (estoy perdiendo mi tiempo). Debo trabajar mi tierra, sembrar buena semilla y cuidar mi jardín...

En Santiago 2:14 dice: *"Hermanos míos, ¿de que aprovechara si alguno dice que tiene fe, y no tiene obras? ¿Podrá la fe salvarle?".* ¿De qué le sirve a la persona creer algo sin actuar en lo que cree, en que le beneficia sólo creer? Te doy un ejemplo, sólo por creer que las frutas tienen vitaminas esenciales para mi salud no es suficiente, tengo que comerlas (acción) para que mi cuerpo pueda recibir su beneficio.

> *"Así también la fe, si no tiene obras,*
> *es muerta en si misma".*
> *Santiago 2:17*

Pienso que hay veces que confundimos la fe con la fantasía. La fe requiere acción, la fantasía es sólo imaginación y nada de acción. Primero tengo que ver si mi semilla es real, en otras palabras ¿tiene sentido lo que estoy deseando? ¿Sabes cuál es el gran problema de las novelas y la mayoría de las películas en Hollywood? ¡Que están llenas de fantasías! Nosotras lloramos, reímos, nos identificamos con la protagonista y luego soñamos con el galán que la enamoro y nos imaginamos que nuestra vida será igual. No importa cuánto esperes que crezca una semilla de plástico nunca crecerá ¡eso es fantasía! Me pregunto, ¿cuántas bendiciones me habré perdido porque no se veían exactamente como yo me imaginaba que deberían verse? Segundo, si quiero cosechar en mi vida tengo que trabajar por lo que deseo.

DECIDE ACEPTAR CON CALMA LOS CAMBIOS

Recuerdo cuando me case con mi esposo en el año dos mil. Fue un día muy feliz. La ceremonia y la boda fueron hermosas e inolvidables, más de lo que yo esperaba. Tenía diecinueve años de edad y lo único que yo quería era casarme con mi novio. No veía la hora de ser su esposa. Dedicamos todo un año completo para organizar la boda pero todos los detalles eran solo opiniones, no les di mucha importancia, yo soñaba con casarme. En la filmación puedes ver mis ojos fijos en él, no recuerdo quien fue a la boda, no recuerdo como estaba decorada la iglesia, que comimos en la fiesta o como era el pastel... lo único que nunca olvidare es la sonrisa única de mi esposo cuando me esperaba en el altar. ¿Qué te quiero decir? No pongas tantas expectativas en como tienen que ser las cosas en tu vida y en cuanto tiempo se tienen que dar... sueña, dibuja, planea, pero no les des tanta importancia a los detalles que pueden cambiar en cualquier momento sin preguntarte. Si se da todo como tú querías, está bien y si no, también está bien. Si soñabas con un novio rubio y te enamoraste del morocho ¡está bien! Si querías un hijo y tuviste trillizos ¡está bien! Si querías casarte joven y aún no te has casado ¡está bien! La vida es muy corta para estar llorando en un rincón como niña caprichosa… ¡sécate las lágrimas y se feliz!

Cuando mi primera hija nació no tuve la misma actitud madura que cuando me case. Quizás las hormonas del embarazo tengan la culpa (mi madre tiene razón, la madures no necesariamente viene con la edad). Era en el año dos mil dos, faltaban pocos días para la fecha de nacimiento de mi bebé, era lunes y tenía una cita con el doctor. Cuando él me reviso me dijo: "Señora, su bebé tiene que nacer hoy. Necesito que vaya al hospital, voy a inducir su parto". Después de esperar por varias horas el momento preciso para empujar con todas mis fuerzas, el doctor me miro muy serio y me dijo que no iba a poder tener un parto natural.

Con mi esposo leímos libros sobre el embarazo, tomamos las clases prenatales, aprendimos a respirar, a empujar… ya teníamos todo planeado. Nueve meses imaginándonos ese gran día. Hasta tenía mi almohada lista porque quería amamantar a mi bebé, y estaba segura que no usaría de la leche en botella. Mi mamá nos había amamantado a todos y siempre me había imaginado que cuando fuera mamá lo haría también. Que asombro fue para mí cuando el doctor me dijo que tendría que hacerme una cesárea. No tuve tiempo para prepararme, no tenía idea de lo que estaba ocurriendo, eso no estaba en mis planes. Cuando salí del hospital con la bebé tampoco era como yo me lo había imaginado. Mi hija no quería ser amamantada y yo estaba muy dolorida para seguir intentándolo. Tuvimos que mudarnos a la casa de mis padres porque la casa donde vivíamos nuestro cuarto estaba en el segundo piso y por la herida de la cesárea no podía subir la escalera. Además, las hormonas locas se peleaban entre si y me hacían sentir que no era suficiente mamá porque no había tenido un parto natural y porque no podía amamantar a mi bebé. Con el pasar de los años fui aprendiendo a descansar en Dios y tomar con calma todos los cambios que ocurran en mis planes. Dios me prometió que Él estaría conmigo y que todo estaría bien, no siempre es como yo me imagino, casi nunca es como yo me imagino, pero todo está bien. Mi hija Kaylen es un regalo de Dios, saludable, dulce, hermosa, inteligente ¿qué más le puedo pedir a Dios? Hoy trato de recordar estas experiencias y enfocarme en las cosas que realmente importan y no en los pequeños detalles... ¡todo está bien! ¡Seré feliz con lo que tengo!

DECIDE SER VALIENTE

Durante un periodo de gran hambre, un israelita de Belén de Judá que se llamaba Elimélec, tuvo que marcharse a vivir a los campos de Moab, situados al sur, al otro lado del Mar Muerto. Se llevó a su mujer, Noemí, y a sus dos hijos y se establecieron allí. Con el tiempo, los hijos se casaron con mujeres de aquellas tierras, una se llamaba Orfa y la otra Rut. Al cabo de unos diez años Noemí se había quedado sola pues su marido se murió y también sus dos hijos. Entonces le llegaron noticias de que se había acabado el hambre en Belén, de modo que se dispuso a volver a su tierra acompañada de sus dos nueras, las esposas de sus hijos. Pero antes de partir les dijo: *"Marchaos, regresad cada una a casa de vuestras madres y que el Señor tenga con vosotras la misericordia que habéis tenido conmigo y con mis difuntos. Quisiera que el Señor os concediera encontrar descanso en casa de un nuevo esposo"*. A continuación las besó. Ellas comenzaron a llorar y le decían: *"De ninguna manera, regresaremos contigo a tu pueblo"*. Pero Noemí les insistía con gran fuerza y les decía: *"Marchaos, hijas mías, yo no tengo más hijos y no puedo daros otro esposo"*. Orfa besó a su suegra y apenada se marchó, pero Rut se quedó con ella. Noemí le insistió nuevamente: *"Mira que tu cuñada regresa a su pueblo y a sus dioses, ¡vete con ella!"*. Rut le respondió: *"No me obligues a alejarme de ti, pues adonde vayas iré yo, y donde pases las noches las pasaré yo, tu pueblo será mi pueblo y tu Dios será mi Dios; donde mueras moriré y allí mismo recibiré sepultura. Que el Señor quiera que sea así y que solo la muerte nos pueda separar"* (Rut 1:1-15).

¿Cambiaron los planes de Rut? ¡Sí y mucho! Era una chica joven, me imagino que tenía muchos sueños como todas nosotras y de repente queda viuda, sin hijos, sola con su suegra. Ella podría haberse refugiado en el dolor y salir huyendo como lo hizo Orpa pero no lo hizo. Ella decidió cuidar de su suegra y que Dios escribiera su destino. ¡Hay que ser valiente para ver todos tus sueños morir y aun así levantar la cabeza y creer que Dios tiene mejores planes contigo!

Llegaron a Belén al comienzo de la siega de la cebada. Un hombre fuerte y poderoso llamado Booz que era pariente del difunto marido de Noemí tomó felizmente a Rut como esposa y ella le dio un hijo que se llamó Obed. Las mujeres se alegraban con Noemí y con ella daban gracias a Dios por todo lo ocurrido, y por el niño, pues decían: "Ha nacido de tu nuera, que te ama y que es mejor para ti que siete hijos".

De este modo, Rut, la mujer moabita que dejó su familia y su tierra por fidelidad al Dios de su marido ejerciendo la caridad con la madre de éste, fue premiada con generosidad por Dios, que hizo de ella una de las grandes mujeres que protagonizaron la historia de nuestra salvación; pues su hijo Obed fue el abuelo del rey David y de la descendencia de David, siglos después, nació Jesucristo nuestro Salvador.

¿Qué hubiera sido de la vida de Rut si hubiera tomado otra decisión? ¿Si hubiera corrido por sus sueños y dejado a la anciana Noemí sola? Admiro a Rut y felicito a mis padres por haberme regalado su nombre (Débora

Rut). Dios sabía cuánto me tocaría aprender de estas dos mujeres de la Biblia. Sé que no siempre es fácil elegir bien. No siempre se sentirá bien el adaptarnos a los cambios, pero siempre tendremos el favor de Dios cuando decidamos hacer lo correcto.

> *"¡Sí, éste es nuestro Dios; en él confiamos, y él nos salvó!*
> *¡Éste es el Señor, en él hemos confiado; regocijémonos*
> *y alegrémonos en su salvación!". Isaías 25:9 NVI*

DECIDE SER FUERTE

Mi madre tiene una hermosa amiga colombiana, una gran mujer de Dios, la Dra. Rosalba DeFranco. Su nombre viene a mi memoria cuando pienso en mujeres fuertes. Admiro su fortaleza en momentos de aflicción, su confianza y valentía. Ella es amante de la Palabra de Dios y estoy segura que ella tiene por estilo de vida lo que hoy nosotras estamos aprendiendo. Aunque hoy no te sientas muy fuerte ¡tranquila amiga, vamos de camino! En Proverbios 24:10, en la nueva versión internacional dice: *"Si en el día de aflicción te desanimas, muy limitada es tu fuerza"*. ¿Quieres saber si eres una mujer fuerte? Muy bien, te haré unas preguntas... ¿Cómo reaccionas el día de aflicción? ¿Te desanimas y no te bañas por tres días? ¿Comienzas a gritar y a pelear con todos? ¿Todo el vecindario se entera que estas mal? ¿Rompes lo primero que encuentras? ¿Dejas todo lo que habías empezado hacer? Piensa por un momento como actúas ante una mala noticia... ¿Te escondes? ¿Te asustas? ¿Sales corriendo? ¿Te quejas? ¿Cuánto peso emocional puedes levantar a la misma vez? ¿Cuán fuerte eres interiormente? Hace un tiempo atrás estaba un poco desanimada y Dios me hablo con este versículo, me comenzó a enseñar lo que te voy a compartir. No sé tú, ¡pero yo quiero ser fuerte! Nunca me ha gustado dar lastima ni molestar a la gente para que me ayuden. Mi esposo siempre me recuerda, no levantes eso, es mucho peso para ti... y él tiene toda la razón, no importa cuanto lo intente, él siempre podrá levantar más porque tiene más fuerza muscular. Ahora, nosotras también poseemos una fuerza interior. En la Palabra de Dios encontramos la clave para ser fuertes interiormente, Proverbios 24:5 dice *"el hombre sabio es fuerte"*. Entonces, si en el día de aflicción te desanimas, muy limitada es tu "sabiduría". Lo que Dios me mostro por medio de su palabra fue que muchas veces, hasta me atrevería a decir la mayoría de veces, mi desanimo es por falta de sabiduría. Cuando soy sabia soy fuerte y cuando soy necia soy débil. ¿Recuerdas el versículo *"La mujer sabia edifica su casa; Mas la necia con sus manos la derriba"* (Proverbios 14:1)? Nosotras podemos fortalecernos a nosotras mismas o destruirnos a nosotras mismas con las decisiones y actitudes que tomamos diariamente. A continuación algunas cosas que nos debilitan:

- PENSAR COSAS QUE NOS LASTIMAN

"Que nunca te abandonen el amor y la verdad: llévalos siempre alrededor de tu cuello y escríbelos en el libro de tu corazón. Contarás con el favor de Dios y tendrás buena fama entre la gente. Confía en el Señor de todo corazón, y no en tu propia inteligencia. Reconócelo en todos tus caminos, y él allanará tus sendas. No seas sabio en tu propia opinión; más bien, teme al Señor y huye del mal. Esto infundirá salud a tu cuerpo y fortalecerá tu ser". Proverbios 3:3-8 NVI

- EL NO PERMITIR QUE NOS CORRIJAN

"El que ama la disciplina ama el conocimiento, pero el que la aborrece es un necio". Proverbios 12:1
"El que atiende a la crítica edificante habitará entre los sabios. Rechazar la corrección es despreciarse a sí mismo; atender a la represión es ganar entendimiento". Proverbios 15:31-32

- **OFENDERNOS FÁCILMENTE**

"El necio muestra en seguida su enojo, pero el prudente pasa por alto el insulto". Proverbios 12:16

"El que perdona la ofensa cultiva el amor; el que insiste en la ofensa divide a los amigos". Proverbios 17:9

- **SER ORGULLOSAS**

"Al orgullo le sigue la destrucción; a la altanería, el fracaso. Vale más humillarse con los oprimidos que compartir el botín con los orgullosos". Proverbios 16:18-19

- **BUSCAR CONTIENDA**

"Honroso es al hombre evitar la contienda, pero no hay necio que no inicie un pleito". Proverbios 20:3

"La mujer necia es escandalosa...". Proverbios 9:13

"Los labios del necio son causa de contienda...". Proverbios 18:6

- **NO ESCUCHAR EL CONSEJO**

"Cuando falta el consejo, fracasan los planes; cuando abunda el consejo, prosperan". Proverbios 15:22

"Atiende al consejo y acepta la corrección, y llegarás a ser sabio". Proverbios 19:20

- **IGNORAR A QUIENES NECESITAN MI AYUDA**

"No niegues un favor a quien te lo pida, si en tu mano está el otorgarlo. Nunca digas a tu prójimo: Vuelve más tarde; te ayudaré mañana, si hoy tienes con qué ayudarlo". Proverbios 3:27-28

"El que es generoso será bendecido, pues comparte su comida con los pobres". Proverbios 22:9

- **SER PEREZOSAS**

"¡Anda, perezoso, fíjate en la hormiga! ¡Fíjate en lo que hace, y adquiere sabiduría! No tiene quien la mande, ni quien la vigile ni gobierne; con todo, en el verano almacena provisiones y durante la cosecha recoge alimentos. Perezoso, ¿cuánto tiempo más seguirás acostado? ¿Cuándo despertarás de tu sueño? Un corto sueño, una breve siesta, un pequeño descanso, cruzado de brazos... ¡y te asaltará la pobreza como un bandido, y la escasez como un hombre armado!". Proverbios 6:6-11

- **HABLAR DE MÁS**

"El chismoso traiciona la confianza; no te juntes con la gente que habla de más". Proverbios 20:19
"El sabio de corazón controla su boca; con sus labios promueve el saber". Proverbios 16:23
"Es necio y vergonzoso responder antes de escuchar". Proverbios 18:13
"El que refrena su boca y su lengua se libra de muchas angustias". Proverbios 21:23

- **NO TENER PACIENCIA**

"El que es paciente muestra gran discernimiento; el que es agresivo muestra mucha insensatez". Proverbios 14:29
"Más vale ser paciente que valiente; más vale dominarse a sí mismo que conquistar ciudades". Proverbios 16:32

Una mujer fuerte es una "mujer sabia" y una mujer sabia es una "mujer fuerte". Cuando actúes con sabiduría te fortalecerás y cuando actúes con necedad te destruirás a ti misma. Todas sabemos que para desarrollar los músculos en tu cuerpo tienes que tener el hábito de hacer pesas y tener una muy buena dieta de proteínas. De la misma manera, para ser una mujer fuerte tienes que tener el hábito de ejercitar con sabiduría y tener como alimento la palabra de Dios, ya que aumenta la sabiduría en ti. Una de mis pesas preferidas es "la paciencia". Uno, dos, tres... respiro profundo, uno, dos, tres... y otra vez. Me repito a mí misma: *"¡Vamos Débora! ¡Tú puedes! ¡Vamos Débora! Espera un poquito más. No te desesperes, ya llegara tu turno. Piensa en cosas lindas, piensa en cosas lindas ¡después de estas tres horas de espera serás más fuerte!"*. La cajera lenta no sabe que está siendo mi pesa, es por eso que le sonrió con alegría y le saludo amablemente, ¡gracias, muchas gracias! ¡Qué bueno que me toco tráfico, escuchare buena música y practicare mi paciencia! Que alegría cuando después de tantos años finalmente entendí que los obstáculos en la vida me hacen más fuertes y si aprendo de ellos me hacen más sabia... No soy lo fuerte que desearía ser, pero una cosa sé ¡soy más fuerte que el año pasado! ¡Y que rico se siente ser fuerte! Es bien difícil que la aflicción te desanime, porque la sabiduría te recuerda ¡esto es sólo temporario, ya pronto se terminará como todo lo demás!

"Si eres sabio, tu premio será tu sabiduría; si eres insolente, sólo tú lo sufrirás". Proverbios 9:12 NVI

No te hagas más daño. Cuida tu corazón, aprende amarte. *"El que posee entendimiento ama su alma; El que guarda la inteligencia hallará el bien"* (Proverbios 19:8). Cada vez que actúas con sabiduría te estás amando. Cuanto más sabia seas, más te amaras y más feliz serás. Rodéate de gente que es amiga de la sabiduría. *"El que anda con sabios, sabio será; Mas el que se junta con necios será quebrantado"* (Proverbios 13:20). Agradezco a Dios por todas las mujeres sabias que conozco. *"Más vale adquirir sabiduría que oro; más vale adquirir inteligencia que plata"* (Proverbios 16:16 NVI).

DECIDE TOMAR SABIAS DECISIONES

Recuerda, la felicidad es el fruto de tus sabias decisiones. Si no te gusta lo que cosechas, cambia lo que siembras. Y si tu cosecha es buena, alégrate, bendice a Dios, pues significa que has sembrado una buena semilla. Recuerda que todo lo que siembras vuelve a ti. ¡No desmayes! Dios está contigo y sé que te ayudara a elegir buenas semillas. La palabra de Dios, como te lo he repetido varias veces en este libro es tu guía, tu lámpara, tu medicina, tu espejo... te recomiendo hacer un tiempo en tu día para leerla y disfrutarla. Siempre aprenderás algo nuevo y edificante para crecer y para vivir una mejor calidad de vida.

"Recuérdales a todos que deben mostrarse obedientes y sumisos ante los gobernantes y las autoridades. Siempre deben estar dispuestos a hacer lo bueno: a no hablar mal de nadie, sino a buscar la paz y ser respetuosos, demostrando plena humildad en su trato con todo el mundo. En otro tiempo también nosotros éramos necios y desobedientes. Estábamos descarriados y éramos esclavos de todo género de pasiones y placeres. Vivíamos en la malicia y en la envidia. Éramos detestables y nos odiábamos unos a otros. Pero cuando se manifestaron la bondad y el amor de Dios nuestro Salvador, él nos salvó, no por nuestras propias obras de justicia sino por su misericordia. Nos salvó mediante el lavamiento de la regeneración y de la renovación por el Espíritu Santo, el cual fue derramado abundantemente sobre nosotros por medio de Jesucristo nuestro Salvador. Así lo hizo para que, justificados por su gracia, llegáramos a ser herederos que abrigan la esperanza de recibir la vida eterna. Este mensaje es digno de confianza, y quiero que lo recalques, para que los que han creído en Dios se empeñen en hacer buenas obras. Esto es excelente y provechoso para todos".
Tito 3:1-8 NVI

Cuanto he disfrutado compartir contigo experiencias personales, historias de la biblia, testimonios y reflexiones. Me hizo muy feliz escribirte. Que rápido se pasó el tiempo ya estamos al final del libro, pero déjame darte una última recomendación, *"mantente ocupada en buenas obras"*. Hay tanta gente alrededor nuestro que le podemos ser de bendición. Puedes ayudar en la iglesia, en la escuela de tus hijos, a tus vecinos, a tu ciudad, a tu país. Organizar eventos, evangelizar, comenzar proyectos de ayuda para los niños desamparados, para las familias que están pasando necesidad. Siembra alegría, siembra amor, siembra cariño, siembra tu tiempo para una buena causa. Nunca cierres tu mano para bendecir. Siempre hay alguien que necesita más que nosotras y cuando les ayudamos nos damos cuenta cuan bendecidas somos.

Si quieres morir a la avaricia comienza a dar de lo que tienes, si quieres morir al orgullo aprende siempre algo nuevo que te haga sentir ignorante y si quieres ser alegre rodéate de niños...

Todos los días tenemos una nueva oportunidad para sembrar y para aprender algo nuevo. Cada día trae sus nuevas aventuras. Es solo cuestión de perspectiva. Claro que como toda aventura tiene también sus episodios duros, momentos dolorosos y difíciles. Pero son parte del camino y del aprendizaje que de este podamos hacer.

¿Estás lista para escribir los mejores capítulos de tu vida? Eres la protagonista de tu vida, eres única y especial, ¡eres una mujer valiente!

"Que el Dios de la esperanza los llene de toda alegría y paz a ustedes que creen en él, para que rebosen de esperanza por el poder del Espíritu Santo".
Romanos 15:13 NVI

Por último, y esta vez sí es lo último (aunque tengo muchísimas ganas de seguir escribiéndote). Lo que más anhelo que recuerdes de este libro son estas palabras: *"Nunca olvides que nuestra mayor felicidad es conocer a nuestro Padre Celestial. Lo más precioso, lo más valioso que tenemos, es nuestra relación con Él"*. Recuerdas la historia del hijo prodigo en Lucas 15:11-21. Su hermano mayor se enojó cuando se enteró que su padre había hecho una gran fiesta por su hermano. Mira que inmaduro y caprichoso, al punto que no quería entrar a la casa. El padre tuvo que ir afuera a rogarle que entrara ¡qué vergüenza! El hijo mayor le respondió al padre: *"He aquí, tantos años te sirvo, no habiéndote desobedecido jamás, y nunca me has dado ni un cabrito para gozarme con mis amigos"* (Lucas 15:29). ¿Un cabrito? ¿Él estaba enojado porque quería un cabrito? El padre le respondió: *"Hijo, tú siempre estás conmigo, y todas mis cosas son tuyas. Mas era necesario hacer fiesta y regocijarnos, porque este tu hermano era muerto, y ha revivido; se había perdido, y es hallado"* (Lucas 15:31-32). Mi parte preferida de ese versículo es *"Hijo, tú siempre estás conmigo"*. ¿No es ese el mayor regalo de la vida? No te distraigas, ¡por favor! No te distraigas... No te enojes por un cabrito, por algo que te hace falta, o porque alguien recibe una bendición de Dios antes que tú. Nunca olvides que tener una relación con Dios y estar cerca de Él ¡es lo más valioso en la vida! Nada se compara a estar en su casa y poder hablar con Él todos los días. Los regalos van a venir ¿acaso Dios no te ha dado el más grande de todos, como no te dará algunos pequeños también? ¡Niña! ¡Niña! ¡Vamos! ¡Entra a casa y sonríe! ¡Papá te ama!

"El que no negó ni a Su propio Hijo, sino que Lo entregó por todos nosotros, ¿cómo no nos dará también junto con El todas las cosas?".
Romanos 8:32 NBLH

Hoy Decido Ser Feliz

*Hoy decido tener un corazón de niña,
que brinca de alegría por un helado de fresa...
Hoy decido asombrarme con la belleza de las flores,
y suspirar por ver el cielo pintado de rosa...
Hoy decido que este día no es un día más,
es un presente y lo voy a disfrutar...
Hoy decido ser agradecida con lo que tengo,
no me voy a quejar, ni me voy amargar...
Hoy decido abrazar a mis hijos y llenarles
de besos como cuando eran bebes...
Hoy decido darles vacaciones a mis preocupaciones,
imaginarme en tus brazos y no dejar de sonreír...
Hoy decido amarme y cuidarme, no tengo tiempo para enojarme...
Hoy decido terminar con las excusas, y tirar a la basura las ofensas...
Hoy decido vivir y amar con todas mis fuerzas
porque hoy he decidido ser feliz...*

¿Te gusto mi poema Papá?

Débora ☺

AGRADECIMIENTOS

Mi familia me ha visto crecer y después de Dios ellos son los únicos que me conocen, y lo asombroso de ellos es que aun conociendo mis faltas y mi manera de ser me aman y me aceptan tal cual soy. Es por eso que quiero brindarles mi agradecimiento y por si no nos vemos mañana dejarles saber que realmente los amo profundamente.

Papá por enseñarme amar a Dios y a creer en Él sin dudar.
Mamá por enseñarme amar la Palabra de Dios y a vivirla.
Lorena por enseñarme a ser valiente y a pararme otra vez.
Luciana por enseñarme a expresar mi amor a Dios con una canción.
Emanuel por enseñarme a reírme de mi misma y de mis miedos.
Pablo por enseñarme a defender lo que creo y aceptar quien soy.
David por enseñarme a honrar a Dios en todo lo que hago.
Jonathan por enseñarme esperar todos los días por mi milagro.
Melodie por enseñarme lo fácil que es correr a papá y disfrutarlo.
Didier por enseñarme que el amor todo lo puede y todo lo espera.
Kaylen por enseñarme a valorar y a disfrutar nuestro tiempo.
Kenny por enseñarme abrazar fuerte y a pedirle a papá sin pena.
Kristen por enseñarme que Dios nunca se equivoca y por hacerme reír.

A todas mis cuñadas que considero mis hermanas: Arany, Ashley y Ana, y mis cuñados Leo y Facundo gracias por su amistad. A todos mis bellos sobrinos, los amo muchísimo: Mikaela, Matias, Isai, Gianna, Angelina, Sammy, Ally, Rebecca, Liam, Thiago y Eva.

A mi amada suegra Teresa, gracias por su amor y su paciencia. Miriam Vargas te admiro y te considero una gran inspiración, y a toda la familia hermosa de mi esposo los amo… Gracias por aceptarme en su familia.

A mis tías y tíos: Tuli, Norberto, Elsa, Roberto, Ana, Polo, Joyleen y a todos mis primos un beso enorme para todos ustedes.

A mí querida familia Puerta de Paz, ustedes han sido un gran regalo de Dios para mi vida y mi familia. Les amamos y siempre estaremos agradecidos con Dios por habernos dado el privilegio de conocerles y por el gran regalo de su amistad. Cada uno de ustedes es muy especial y de mucho valor. En ustedes Dios ha depositado propósito, dones y talentos. Sé que Dios los ha elegido para grandes cosas y me emociono con sólo pensar que nací en esta generación y que seré testigo de lo que Dios hará en sus vidas. Gracias por su amor, una vez más se los diré "les amo mucho". ¡Gracias por amarme tanto y cuidarme!

A los Pastores German y Ana Díaz por todo su apoyo y por su dulce amistad. Es un privilegio trabajar junto a ustedes. ¡Los amo!

A todos los Pastores y Ministros que nos brindan su hermosa amistad y ayuda en el ministerio. ¡Mil gracias!

A todo el cuerpo de Cristo "la iglesia" quiero recordarte que eres amada, eres hermosa, eres única… Nunca pierdas tu esencia, tu perfume, el amado viene pronto ¡no tengas miedo! ¡No pierdas la fe! ¡Él te ama!

A ti, por leer este libro. Me encantaría saber tus opiniones, comentarios y testimonios. Puedes escribirme a deboraugalde@hotmail.com

40 DECISIONES IMPORTANTES

1. Decide creer que Dios te ama — pg. 22
2. Decide aceptar el perdón de Dios — pg. 31
3. Decide creer que Dios te cuida y te defiende — pg. 33
4. Decide creer la verdad — pg. 44
5. Decide conocer la verdad — pg. 46
6. Decide conocer a Jesús — pg. 48
7. Decide honrar a Dios — pg. 63
8. Decide respetar a Dios — pg. 65
9. Decide obedecer a Dios — pg. 70
10. Decide confiar en Dios — pg. 82
11. Decide esperar con paz — pg. 83
12. Decide no preocuparte — pg. 88
13. Decide ignorar a tus enemigos — pg. 102
14. Decide amarte — pg. 116
15. Decide aceptarte — pg. 117
16. Decide no condenarte — pg. 130
17. Decide valorarte — pg. 141
18. Decide perdonarte — pg. 144
19. Decide no compararte — pg. 153
20. Decide amar con sus ojos — pg. 164
21. Decide amar como la primera vez — pg. 165
22. Decide cuidar el amor — pg. 167
23. Decide servir — pg. 182
24. Decide sembrar amor — pg. 184
25. Decide aceptar los regalos de Dios — pg. 187
26. Decide aceptar el favor de Dios — pg. 190
27. Decide ser agradecida — pg. 191

28. Decide ser de bendición — pg. 195
29. Decide perdonar — pg. 200
30. Decide disfrutar — pg. 201
31. Decide olvidar — pg. 203
32. Decide esforzarte — pg. 204
33. Decide no enojarte — pg. 211
34. Decide renovar tu mente — pg. 214
35. Decide orar — pg. 223
36. Decide ser madura — pg. 225
37. Decide aceptar con calma los cambios — pg. 232
38. Decide ser valiente — pg. 234
39. Decide ser fuerte — pg. 236
40. Decide tomar sabias decisiones — pg. 241

"Ahora, gloria sea a Dios, que puede hacer muchísimo más de lo que nosotros pedimos o pensamos, gracias a su poder que actúa en nosotros".
Efesios 3:20 (DHH)

Made in the USA
Middletown, DE
16 September 2015